아들이 아버지가 되어 들려주는
아버지의 사랑과 자녀 양육이야기

아버지 신호등

아버지 신호등

초판 1쇄 인쇄 2018년 04월 10일
지은이 이상열
펴낸이 이승훈
펴낸곳 해드림출판사
주 소 서울 영등포구 경인로82길 3-4(문래동1가 39)
센터플러스빌딩 1004호(우편 07371)
전 화 02-2612-5552
팩 스 02-2688-5568
E-mail jlee5059@hanmail.net

등록번호 제87-2007-000011호
등록일자 2007년 5월 4일

* 책값은 표지에 있습니다
* 잘못된 책은 바꿔드립니다

ISBN 979-11-5634-277-9

아들이 아버지가 되어 들려주는
아버지의 사랑과 자녀 양육이야기

아버지 신호등

이상열

해드림출판사

| 추천사 |

아버지라는 그 이름.
　가슴 저 한구석에 아버지라는 이름의 단어는 나의 마음을 아리게 만드는 메아리와 같은 것이다. 지천명을 넘기고 보니 어릴 때에 부끄러웠던 아버지가 위대해 보이고, 그 아버지를 더 사랑하지 못하고 더 효도하지 못하고 안아 주지 못했음에 가슴이 아파 온다.

　내가 어릴 때에는 아버지는 신체도 왜소하고 성격도 불같고, 오직 배울 것이라고는 부지런함뿐이었다. 새벽에 일어나서 해가 질 때까지 일을 하셨다. 아내와 자녀를 위하여 200마지기의 전답을 일구며, 허리 펼 날이 없도록 일하셨다. 자녀들과 따뜻한 대화와 애정표현에 서툴렀던 아버지, 헛기침으로 가정의 분위기를 압도했던 아버지, 어린 나이에 그런 아버지가 부끄러워서 남들에게 소개를 시킨다는 것이 창피할 때도 간혹 있었다.

　그러나 지금의 내가 그 아버지를 떠올리면 송구한 마음이 들고 가슴이 아프고 눈물이 앞을 가린다.
　아버지~, 나는 지금 그 아버지가 위대해 보이고, 존경스럽다. 가정교육이라고는 전혀 받아 보지 못하신 분, 사랑을 줄 줄도 받을 줄로 모르셨던 그분이 마음속에 깊은 상처들과 큰 아픔들이 있었음에도 불구하고 우리들이 장성하도록 뒷바라지하셨다는 것이 위대한 것이다.

어릴 적에 먼 산을 바라보시던 아버지 눈에 눈물이 맺히는 것을 보았다.

남들은 다 70, 80세를 사시는데, 뭐가 그렇게 바쁘셔서 60대에 돌아가셨는지, 다시금 살아오신다면 꼭 안아드리면서 '아버지 정말로 사랑합니다.' 다시 한 번 더 '아버지 정말로 사랑합니다.'하고 말씀드리고 싶다. 동네에서 가장 별나고 속을 많이 끓이게 했던 이 불효자식이 아버지께 고개 숙여 용서를 빌고 싶을 뿐이다.

이번에 동기이자 친구이며 동역자인 이상열 목사가 아버지의 사랑과 역할에 대한 『아버지 신호등』이라는 책을 발간하게 된다니 진심으로 축하를 드린다.

이 책이 자녀들에게 훌륭한 아버지가 되는 지침서가 되기를 진심으로 바란다. 더 이상 이 사회에 자녀들에게 아픔을 주는 아버지가 생기지 않기를 바란다.

아버지는 외롭고, 그 어깨의 멍에는 가히 상상할 수 없는 것이다. 그러나 결혼을 하고 자녀들을 두게 되는 이상 아버지는 모든 환경을 극복하고 전통과 명문 가문을 이루어갈 책임이 있는 것이다. 모쪼록 다들 멋지고 훌륭한 아버지들이 되기를 소망해 본다.

전 경북 노회장
전 총회농어촌부장
군위중앙교회 **김덕수** 목사

프롤로그

시작하면서

인생에 있어서 누구나 한 번쯤은 전환기가 있다.
나의 인생의 전환기는 38살에 치유 상담이라는 학문을 만난 것이었다.
이때를 중심으로 크게 몇 가지 변화가 일어났다.

첫 번째, 학문적인 변화였다

난 영남신학교를 1987년 1월에 졸업을 했다. 그 당시만 하더라도 문교부에서 인정하는 학사가 없던 시대였다. 38살에 치유 상담을 만나면서 학사를 취득하였고 심리상담 대학원 석사과정을 졸업하였으며 현재 박사과정을 하고 있다.

두 번째, 내면의 변화였다

나의 겉모습은 목사로서의 명함을 갖고 누가 봐도 당당한 것처럼 보였지만 나의 마음은 병적인 열등감과 대인관계에 대해 두려움으로 인하여 병들어 있는 상태였다. 나는 왜 그런지 몰랐다. 치유 상담을 공부하면서 이러한 것이 내면의 상처라는 것을 알게 되었다. 그리고 내면의 상처가 원 가족과의 관계에서 많이 형성되었다는 것을 알게 되었다. 지속적인 공부를 하면서 나의 내면은 세상이 알지 못하는 강력한 내공이 생기기 시작했다. 지금도 그 힘으로 당당하게 살아가고 있다.

세 번째, 비전에 대한 변화였다

나는 목사로서의 이름을 갖고 사명을 감당하며 살아왔다. 치유 상담을 만난 후에 나는 결단을 했다. 이것은 나를 위한 것이다. 제대로 공부하여 많은 사람의 마음을 치유하는 사람이 되어야겠다. 목회는 내가 아니더라도 할 사람이 많다. 하지만 치유 상담은 할 사람이 그렇게 많지 않을 것 같다. 생수가 나올 때까지 제대로 공부를 해보자고 생각하며 도전을 했다. 그리고 그 길을 현재 가고 있다.

네 번째, 가정에서 삶의 변화였다

치유 상담을 공부하면서 새롭게 결단한 것이 또 하나 있었다. 딱 한 사람에게만 불리는 그 이름, 남편이라는 사명을 다하자. 한 여인의 좋은 남편이 되자. 그리고 두 아이에게만 불리는 이름, 아빠라는 이름의 값을 잘 감당하자. 나로 인하여 아이들의 얼굴에 미소가 활짝 피어나고 미래를 아름답게 도전할 수 있는 자녀로 양육하자. '내가 받은 상처를 아이들에게 대물림을 하지 말자.'라는 신념을 갖고 공부를 하며 오늘에 이르게 되었다.

다섯 번째, 아버지와의 관계 변화였다

상처 대부분이 아버지에게서 왔다는 것은 충격적이었다. 꿈에도 생각하지 못한 부분이었다. 복사이기에 그 원인을 죄에서 찾았고 내가 공부를 못하고 성격에 문제가 있어서 그런 줄 알았다. 그런데 치유 상담을 공부하면서 아버지와의 관계가 상처의 뿌리라는 것을 알게 되었다. 치유그룹에 들어가서 내면의 아버지를 만나서 많은 치유 작업을 했다. 많은 변화는 있었지만 온전하지는 않았다.

그래서 난 40이 되었을 때 결단을 했다

내면의 아버지를 만나기보다는 직접 아버지를 만나보자.

그리고 시간이 날 때마다 아버지를 찾아가서 궁금한 것을 질문해 보기 시작했다.

아버지는 당신의 어린 시절을 말하기 시작했다.

나는 아버지의 어린 시절을 듣는 내내 속으로 울었다. 아버지가 그렇게 힘들게 어린 시절을 보냈는지를 처음으로 알았다. 아버지의 어린 시절을 듣고 나니 아버지가 위대해 보였다. 너무 고마웠다. 그리고 미안하고 죄송한 마음뿐이었다. 이후로부터 나는 시간이 날 때마다 아버지를 찾아뵈면서 나의 마음에 있는 궁금한 것들을 물어보기 시작했다.

나의 인생에서 아버지와의 이러한 만남의 시간이 없었더라면 어떠했을까?

아버지는 내 나이 48세에 하나님의 부름을 받으셨다. 내가 아버지의 어린 시절을 들을 때가 40대였다. 8년 동안의 세월은 아버지와의 회복의 시간이었다. 8년이란 세월이 너무나 소중하였다. 아버지와 관계가 회복되고 나니 나의 내면에 있는 상처들은 봄날에 눈이 녹듯이 녹아 치유가 되었다.

나도 어느덧 중년에 접어든 아버지가 되었다. 최근에 와서 아버지 생각이 참 많이 난다. 어릴 때는 깨닫지 못했던 아버지의 사랑이 밀물처럼 밀려오기도 한다. 혼자 자동차를 운전하다가 눈물을 흘릴 때가 많다. 아버지의 사랑을 이제야 깨닫는 것 같다.

아버지가 보고 싶을 때는 추억이 있는 곳으로 가보기도 한다.
오늘은 아버지와의 추억을 떠올리며 안동 소머리 국밥집에 가서 혼자 식사를 하고 왔다. 병원에 입원하시기 전에 곰탕을 먹고 싶다고 했어 모시고 간 곳이었다.

아버지는 맛나게 드시면서 나에게 이렇게 말씀하셨다.
"내가 해 준 것도 별로 없는데 잘 커줘서 고맙다."라고 했다.
그때 아버지가 너무너무 고마웠다. 아버지를 모시고 병원에 입원하러 가는 길에 옆에 앉아 계시는 아버지의 모습은 한없이 약하고 외로워 보였다.

이 책을 돌아가신 아버지와 어머니께 못난 아들이 바칩니다.

2018년 3월 저자

목차

추천사 04

프롤로그 _시작하면서 06

사랑하는 아들과 딸에게 보내는 네 번째 편지 14

1부

아버지! 아들입니다

1장 죄송합니다. 아버지!

20 1. 아버지를 싫어한 나

27 2. 내면에 상처투성인 나

36 3. 상처를 치유하기 시작한 나

46 4. 아버지를 다시 만나서 새로운 인생을 살고 있는 나

2장 존경합니다. 아버지!

50 1. 아버지의 어깨

60 2. 아버지의 외로움

66 3. 아버지의 기다림

70 4. 아버지의 눈물

82 5. 아버지의 사랑

3장 고맙습니다. 아버지!

94 1. "네 잘못이 아니야!"라고 말해줘서 고맙습니다

98 2. 좋은 유산 물려주셔서 고맙습니다

106 3. "앞으로 뭐가 돼도 될 것 같다."라고 말해줘서 고맙습니다

114 4. 어머니를 끝까지 책임져 주셔서 고맙습니다

2부

아버지가 된 나

4장 태아기의 아빠 역할

122 1. 엄마의 심장을 행복하게 뛰게 하라
124 2. "원하고 기다리는 임신이야."라고 들려주라
125 3. 부드럽고 따뜻한 목소리를 들려주라
128 4. 임신 중인 아내를 절대 섭섭하게 하지 마라
129 5. 원치 않는 임신을 했다면 상한 마음을 치유하라
131 6. 자녀들이 성장했다면 임신에 관한 이야기를 들려주라

5장 영아기의 아빠 역할

135 1. 아내에게 모유를 먹이게 하라
139 2. 엄마가 아이들과 스킨십을 많이 하게 하라
141 3. 엄마와 아빠가 함께 웃는 웃음소리는 천사의 노래
142 4. 아이의 요구에 적극적인 응답
144 5. 일찍 퇴근하여 아내 곁에 있어 주어라
147 6. TV나 스마트 폰을 가까이하지 않도록 도와주라
149 7. 아이가 이미 성장을 했다면 탄생에 관계된 이야기를
      많이 들려주라

6장 유아기의 아빠 역할

153 1. 엄마의 충실한 대용물이 되어주라
159 2. 직접적인 자녀 양육보다는 엄마의 양육을 도와주라
162 3. 유아기에 놀아주는 아빠로 변신하라
168 4. 윤리 도덕을 균형감각 있게 훈련하라
176 5. 사소한 질문에도 성의 있게 대답하라
177 6. 자녀를 편애하지 말라
179 7. 존재의 가치를 느끼게 해주어라
183 8. 부부가 행복한 모습을 자주 보여주라
184 9. 전능의 환상을 깨트려주어야 한다

7장 아동기의 아버지 역할

188 1. 자녀들의 학습에 도움을 주는 아빠
189 2. 가족과 함께하는 추억의 여행을 많이 하라
190 3. 자녀들에게 미소를 많이 지어라
191 4. 가능성의 말을 많이 하자
195 5. 약점을 장점으로 희망을 주는 말을 하자
197 6. 존재 자체를 칭찬하라
200 7. 또래 친구들과 놀이를 많이 갖게 하라
201 8. 어린 시절을 재구성해서 들려주라
205 9. 상처를 준 것이 있다면 진지하게 사과하라

8장 청소년기의 아버지 역할

211 1. 미래의 비전을 함께 나누는 아버지가 되라
218 2. 아버지도 꿈을 꾸는 사람이 되라
221 3. 공부해야 할 동기를 심어주는 아버지가 되라
223 4. 공부하는 아버지가 되라
226 5. 선택과 결정권을 주고 그들의 선택과 결정을 존중하라
228 6. 먼저 믿어주는 아버지가 되라
230 7. 신체적인 변화에 긍정적인 에너지를 주라
234 8. 예민한 마음을 공감해주라
237 9. 사랑의 변화를 알고 지지하라
239 10. 인간적인 모습을 보여주는 아버지가 되라
240 11. 아버지의 살아온 날들에 대하여 함께 나누어라
242 12. 엄마의 위치를 세워주라

3부

아버지의 사명
(아버지가 될 아들에게 아버지가 해주고 싶은 이야기)

9장 존경받는 아빠가 되라

248 1. AS(after service)를 잘 하라
254 2. 아내에게 도움을 구하라
269 3. 아내를 사랑하라
273 4. 소속감을 느끼게 하라
278 5. 가치감을 심어주라
282 6. 무한한 가능성을 발견하라

4부 결론

10장 책을 마무리하면서

사랑하는 아들과 딸에게 보내는 네 번째 편지

사랑하는 아들아!

너도 얼마 있지 않으면 아빠가 되겠지?

아빠는 소원이 있단다.

더도 말고 덜도 말고 너도 아빠처럼 자녀들에게 해주었으면 한다.

한 가지를 더 추가하자면 태아 때부터 멋진 아빠가 되길 바라는 마음이다.

아빠는 네가 6살 때부터 공부를 했기 때문에 태아 교육을 비롯해서 6세 이전까지는 내 마음대로 양육을 했단다.

아들은 아빠가 앞에서 언급한 내용을 참고로 해서 더 멋진 아빠가 되길 바란다. 그래서 아빠 윗대로부터 내려오는 알코올, 도박, 폭력이라는 3박자를 아빠 대에서 단절하고 아들이 계승하여 아름다운 문화를 창조하길 바라는 마음이다.

아빠는 37년 동안 수치심과 병적인 열등감으로 너무나 힘든 세월을 살아왔단다.

내 인생을 저주하며 살아온 세월이 많았다.

부정적인 사고와 감정에 휘둘리면서 자신을 스스로 비하하며 살아왔다.

잘한 것은 우연이라고 의미를 축소하였고 잘못된 것이나 작은 실수를 했을 때는 나는 본래 이런 사람이야 라고 의미를 확대하면서 살아왔다.

일어날 수 있는 일들 가운데 최악을 상상하며, 파국적 예상을 하며 두려움과 불안으로 살아왔다.

아들아!

38살에 치유 상담을 만나고 나니 나의 세월이 너무 아깝고 억울하더라.

나는 본래 가치 있고 소중하고 고귀하고 존귀한 사람임에도 불구하고 쓸모없는 사람, 문제 있는 사람으로 생각하고 자신을 비하하며 심지어 자신을 저주까지 하면서 자신감 없이 살아온 내가 너무 억울했다.

아들아!

아빠는 자신감이 회복된 후에 깨달은 것이 있단다.
자신감 형성의 기초가 나에게 있었던 것이 아니라는 것을,
내가 알고 있던 나의 모습은 내가 만든 것이 아니라는 것을,
나에게 자아상을 만들 수 있는 능력이 없었다는 것을,
부모님과 중요한 타인의 영향력이 컸다는 것을,
중요한 타인들은 자신의 부정적인 감정을 나에게 투사했다는 것을
중요한 타인의 영향력에 의해 왜곡된 것이 많다는 것을,
나는 중요한 타인들의 평가를 거부할 수 없었다는 것을
나의 의지와 관계없이 나에 대한 평가는 시작되었다는 것을,
내가 부모를 선택하지 않았다는 것을
성별도, 외모도, 출생서열도 내가 선택한 것이 아니었다는 것을
자신감 상실로 부모와 나 그리고 환경을 원망하며 살았다는 것을.

그런데

내가 선택한 것이 아닌데,

내 잘못이 아닌데,

상처는 내가 입었다는 것을

그러나

상처는 내가 극복해야 한다는 것을

이것이 나의 사명이라는 것을

내가 극복하면 에너지로 바뀐다는 것을

이것이 하나님의 비밀이라는 것을

아들아! 치유되면서 자신감이 회복되었단다.

나는 내가 너무 좋았다.

살아온 날들을 뒤돌아보면서 내가 기특해 보였다.

그 험한 세월 속에 잘 살아온 내가 대단해 보였다.

나를 극복한 내가 사랑스러워 보였다.

무가치한 존재가 아니라 천하보다 가치 있다는 생각으로 변했다.

나는 무능한 존재가 아니라 유능함이 있는 존재라는 것을

나는 태어나지 말아야 할 사람이 아니라 반드시 태어나야 할 사람으로 바뀌었다.

대인관계에서도 자신감이라는 변화가 일어났다.

내가 하는 일에도 잘 될 것이라는 긍정적 생각으로 도전하게 되었다.

부모님의 사랑을 새롭게 깨닫는 기적이 일어났다.
아내를 향한 나의 어투나 행동에 변화가 일어났다.
자녀를 향한 내 생각, 감정, 행동에 변화가 일어났다.
자신감이 회복되니 너무나 행복했다.

모든 부분에 아름답고 긍정적인 변화가 일어났다.
나는 하나님이 역기능적 가정에 탄생하게 한 비밀을 알게 되었다.
쓴 뿌리에 하나님의 뜻이 있다는 것을 알게 되었다.
상처에 하나님의 계획이 있다는 것을 알게 되었다.
상처 속에 비전이 있다는 것을 알게 되었다.
상처에서 나오는 생수는 영혼을 치유한다.

아들아! 아빠는 결단했다.
건강한 자아상에서 형성되는 자신감이야말로 부모가 자녀에게 줄 수 있는 최고의 선물이다. 나의 자녀들에게는 건강한 자아 정체성을 갖게 하자. 자신감이 있는 아이로 키우자. 이러한 결단으로 지속해서 공부를 했고 오늘에 이르게 되었단다.

아들과 딸!
아빠가 제시하는 아버지의 사명을 꼭 실천하기 바란다.
그래서 자신감이 있으면서 겸손을 아는 멋진 자녀로 양육하는 아빠와 엄마가 되길 바란다.

아버지!
가장으로서 그 이름
남자로서의 그 이름
남편으로서의 그 이름
자녀들에게만 불린 그 이름

아버지!
무엇이 가장 먼저 떠오릅니까?
어떤 표정이 떠오릅니까?
어떤 말이 생각납니까?
어떤 행동이 그려집니까?
어떤 추억이 기억납니까?
나에게는 어떤 존재였습니까?

아버지!
나에게도 주어진 그 이름
자녀들은 나를 어떻게 기억할까?
자녀들은 어떤 말을 기억할까?
자녀들은 어떤 행동을 그릴까?
자녀들은 추억을 그릴까?
나는 자녀들에게 어떻게 비칠까?

아버지!
나의 아들이 걸어야 할 그 길
모든 남자가 가야 할 그 길
가장으로서의 필연적인 그 길
그 길을 걷는 이들에게
작은 도움이라도 드리고 싶다.

1부

아버지! 아들입니다

1장 죄송합니다. 아버지!

1. 아버지를 싫어한 나

대부분 사람들은 자녀가 아버지를 싫어한다면 천벌을 받을 짓이라고 말할 것이다. 특히 목사가 된 아들이 아버지를 원망하며 살았다면 더욱더 그럴 것이다. 그런데 필자는 38살 이전까지 아버지를 참 많이 원망하면서 살았다. 아버지란 이름이 싫었고, 집에 계시는 아버지라는 사람이 싫었다. '아버지는 왜 인생을 그렇게밖에 살지 못할까? 아버지는 우리 집에 불행의 원인이야. 아버지만 없으면 집안이 평안할 텐데….'라고 생각했다.

남에게는 최고의 인격자, 밖에서는 자상하고 친절하신 아버지, 가족에게는 무심한 아버지, 이웃 사람들에게는 한없이 부드럽고 자상한 아버지, 그런데 가족에게는 왜 그렇게 화를 많이 내시는지 이해가 되지 않았다. 다양한 감정 가운데 화라는 감정밖에 표현할 줄 모르고 자녀들이 힘들 때 힘이 되어주지 못하고 늘 야단만 치던 아버지가 싫었다. 엄마가 힘들 때 한 번도 자상하게 돌보지 않는 모습이 너무 싫었고 화가 났다. 시간이 날 때마다 술을 드시고 구판장에 가서서 노름을 하고 술에 취하여 집에 오시면 화를 내고 폭력을 행하시는 아버지가 너무 싫었다.

"왜 엄마에게 그렇게 대하셨어요?"

아버지는 엄마를 마치 하인 부리듯이 함부로 대하셨다. 엄마는 한평생을 두려움 속에 고생하면서 살았다. 필자는 엄마가 아버지에게 폭력을 당하는 모습을 보면서 성장을 했다. 지금도 글을 쓰는데 힘들어하시던 엄마의 얼굴이 내 머리에 그려진다. 심지어 엄마가 아파서 대구에 있는 모 병원 응급실에 입원해 있었을 때도 한 번도 와보시지 않았다. 물론 다른 이유로 바쁠 수도 있겠지만 평소에 엄마에게 대하시는 것을 보면 화가 났다.

나에게 전화를 해서 아픈 엄마를 병원에 좀 모시고 가서 치료를 하고 오라고 하셨다. 아버지가 가시면 될 것은 왜 멀리 있는 나에게 전화를 했는지 이해가 되지 않는다. 집안 살림은 대부분 엄마가 담당하였지만 경제권은 아버지가 갖고 있었다. 엄마가 한평생 얼마나 힘들게 사시면서 고생을 많이 했는지 모른다.

엄마는 가슴에 얼마나 한이 많았는지 내 나이 서른이 되었을 무렵 쓰러지셨고 중풍에 걸리셨다. 그 후 평생 고생을 하셨다. 많은 세월이 흐른 후 엄마에게 치매가 와서 거동이 불편하실 때 나는 '아버지가 고생을 좀 해야 한다. 아버지가 엄마를 모시고 끝까지 함께 해야 한다.'라고 생각을 했다.

아버지 목소리조차 싫었다

이상하게 아버지와 대화를 하면 짜증이 났다. 아버지의 목소리가 듣기 싫었다. 평상시 목소리는 괜찮은데 가끔 특정한 음색이

나올 때가 있었다. 아버지의 그 목소리를 들으면 마음 깊은 곳에서 화가 치밀어 오르는 것을 간혹 느끼기도 했다.

그때 문득 신학대학교 다닐 때가 생각이 났다.
신학대학교 다닐 때 A라는 교수의 목소리가 듣기 싫어서 수업을 잘 듣지를 않았다. 난 왜 그 교수의 목소리를 들으면 짜증이 났는지 몰랐다. 그냥 듣기 싫었고 많이 들으면 괜히 짜증이 났다. 치유상담을 공부하면서 내면에 올라오는 이 짜증이 아버지 목소리와 연결되었다는 것을 알게 되었다. 더 놀라운 것은 듣기 싫어했던 아버지의 목소리가 나에게도 있다는 것이었다. 내가 흥분을 하거나 급한 일이 생겼을 때 내 안에서 아버지의 목소리가 나오는 것을 알고 깜짝 놀랐다.

아버지의 손이 내 몸에 닿는 것이 징그러웠다
어느 날 아버지가 논에서 일을 하시다 독사에 물렸다. 그래서 경주 동국대학교 병원에 입원을 하셨다.

아버지는 나에게 "병원에 올 때 면도기를 사 오너라."고 하셨다.

나는 일회용 면도기와 로션을 가지고 병원을 방문하였다. 아버지가 면도를 할 수 있도록 로션을 내 손바닥에 올려놓았다. 아버지는 손으로 내 손바닥에 있는 로션을 찍어서 면도를 하셨다. 그런데 아버지의 손이 내 손바닥에 닿는 순간에 나는 충격을 받았다. 아버지의 손이 얼마나 징그럽게 느껴졌는지, 다시 마음을 추스르고 아버지의 손을 맞이하였다. 그런데 움찔하는 그 느낌은 벌레가 기어가는 느낌, 그 이상이었다. 그때 나는 정말 쇼크를 받았다.

나는 생각해 보았다.
'내가 왜 이러지, 나의 아버지 손인데….'
나와 아버지는 이렇게 스킨십을 한 적이 없었다는 것을 깨달았다. 아버지와 좀 더 많은 시간을 보내고 스킨십을 해야 하겠다는 다짐을 했지만 잘되지 않았다. 물론 나의 내면이 치유되고 아버지와의 관계가 회복된 다음에는 많은 변화가 있었지만 그 당시에는 스킨십이 너무 힘들었다.

나와 비슷한 색깔의 옷을 입고 있는 아버지를 보기 싫었다
아버지를 뵈러 찾아간 날이었다. 아버지는 진한 초록색 계통의 체크 와이셔츠를 입고 있었다. 그 이후에 나에게 이상한 일이 일어났다. 내가 갖고 있는 와이셔츠 가운데 아버지가 입고 있었던 옷과 비슷한 옷이 있었다. 나는 이후 그 옷을 입지 않았다.

아내는 나에게 "왜 이 와이셔츠를 입지 않는 거예요? 이 옷은 메이커이고 당신에게 잘 어울리는 옷이에요."라고 권했다. 나는 아내에게 "한 번만 더 말하면 이 옷을 가위로 잘라 버릴 거야."라고 말했다.

아내는 나를 이해하지 못했다.

세월이 흐른 후에 나는 아내에게 말했다.
"내가 왜 그 옷을 입기 싫어했느냐 하면 아버지가 그 옷을 입고 있었기 때문이야. 그 옷을 입으면 아버지의 모습이 생각이 나서 짜증이 나."

내 말을 들은 아내는 이렇게 말했다.
"당신도 참 별나다."

술을 드시는 모습이 너무 싫었다

아버지는 시간만 나면 구판장이라는 곳에 가서 술을 드시면서 노름을 하셨다. 한번 시작을 하시면 날을 새기도 수없이 하였다. 난 그런 아버지를 생각하면서 이 분이 내 아버지란 것이 부끄럽게 느껴질 때도 있었다. 구판장에 계시는 아버지를 모시러 갈 때도 많았다. 술을 드시고 오시는 날에는 집안은 풍비박산 날 때도 많았다.

사람이 그러면 안 된다고 훈계하시는 말씀도 싫었다

내 것을 조금 챙기려고 하거나 주장을 하면 아버지는 "사람이 그러면 안 된다"라고 하셨다. 말씀은 맞는 것 같은데 속으로 화가 날 때가 많았다. '아버지는 그렇게 사셨소?'라는 말이 올라왔기 때문이다.

이러한 행동이 이해가 되질 않았다

'아버지는 왜 술을 드시고 오면 잔소리를 하실까?'
'그냥 육성회비를 주면 되지, 꼭 울려 놓고 돈을 주는 건 뭘까?'
'아버지는 왜 어머니를 힘들게 하실까?'
그리고 왜 이런 말을 밥 먹듯이 하셨을까?
"너는 고등학교 갈 생각을 하지 말고 중학교만 졸업하고 울산에 있는 공장에 가서 취직하여 돈을 벌어라."
"내가 돈을 찍어 내는 기계냐?"

나는 그럴 때마다 속으로 이렇게 반문했다.
'아버지는 책임도 지지 못하면서 왜 자녀를 많이 낳으셨어요?'

아버지라는 이름은 내게 두려움 그 자체

아버지와는 대화도 거의 없었지만 무서울 때가 많았다. 어떨 때는 아버지가 낫을 들고 위협을 할 때도 있었다. 때로는 낫으로 빨랫줄을 자르면서 위협을 가하기도 했다. 언제나 언어의 첫 마디에 악센트를 주면서 화를 내거나 짜증을 많이 내신 것 같다. 아버지의 헛기침에도 두려움을 느꼈을 정도였다. 그래서인지는 모르겠지만 나는 아버지라는 분이 참 싫었다.

치유 상담을 공부하면서 의문이 풀렸다. 내가 왜 하나님을 아버지라고 부르는 것이 그렇게 힘들었는지 알게 되었다. 육신의 아버지와 밀접한 관계가 있었다.

고등학교 1학년 때 교회 출석을 하면서 첫 수련회에 갔었다. 그 때 기도제목이 두 가지였다. 첫 번째는 비전에 관한 것이었고 두 번째는 하나님을 아버지라고 불러보는 것이었다. 하나님이란 말도 잘 나오고, 주님이라는 말도 잘 표현되었는데 하나님 아버지란 말은 입에서 나오질 않았다. 왜 그런지 몰랐다. 치유 상담을 공부하면서 육신의 아버지가 하나님과 연결된다는 것을 깨달았을 때 비로소 비밀을 풀게 되었다.

2. 내면에 상처투성이 나

자신을 너무 싫어했던 나
'나는 내가 참 바보 같다. 왜 이렇게 생각이 짧고 어리석을까.'
말귀도 잘 못 알아차리고 눈치도 없고 외모도 못 생긴데다 잘 엎지르고 덤벙대고 실수를 많이 하니까 사람들이 다 나를 싫어하는 것 같은 생각이 나를 지배했다.
상대방과 늘 비교하다 보니 나 자신을 비하하게 되고 심지어 저주하며 살았다. 관계 속에서 존재감을 느끼지 못하니 내가 너무 초라하고 한심하다는 생각까지 하게 되었다.

겉으로는 화려한 모습으로 자신감을 갖고 늘 미소를 지으며 살고 있었다. 목사라는 옷을 입고 당당하게 삶을 살고 있었다. 나의 진짜 모습을 모르는 교인들은 나에게 늘 이렇게 말했다.
"목사님의 웃음은 사람들에게 행복을 줍니다. 자신감 갖고 사역하는 모습이 너무 멋집니다."
하지만 나의 내면은 울고 있을 때가 많았다.

나는 목회를 하면서 이런 생각을 많이 한 것 같다.
'내가 가는 교회는 가장 불행한 교회이다. 많고 많은 목사 가운데 나를 만났을까? 참 불행한 교인들이다.'

결혼 전에는 이런 생각을 했다.

'사람들이 나의 진정한 모습을 발견하면 다 나를 떠날 것이다. 나를 만나는 사람은 불행하다. 그래서 난 결혼을 하면 안 된다. 나를 만나는 여인은 참 불행한 사람이다. 많은 사람 가운데 왜 하필 나를 만났을까? 한 여인을 평생 불행하게 만들 것이다.'

나는 청소년 때부터 이 노래를 많이 불렀던 것 같다.
"난 참 바보처럼 살았군요. 난 참 바보처럼 살았군요. 바보처럼, 바보처럼…."
이 노래를 부르면서 하염없이 울었던 것 같다. 그때는 왜 내가 나 자신을 싫어했는지 몰랐다.

대인 관계에서 사람들을 두려워했던 나

대학을 졸업하기 전까지는 내 속에 사람을 두려워하는 마음이 있는 줄을 몰랐다. 하지만 대학을 졸업하고 교회에서 전임전도사로 사역을 하면서 특정한 이미지를 가진 윗사람을 보면 쉽게 위축이 되고 주눅이 들고 두려움이 생기기 시작했다.

나 자신이 이해가 되질 않았다. 나는 스스로 대인관계에 자신감을 갖고 있다고 생각했는데 이상함을 느끼기 시작했다.
특정한 이미지를 가진 사람을 만나면 생기는 두려움들이 있었다. 그중 몇 가지 사례를 이야기하고자 한다. 화장실에서 소변을 보고 있다가 특정한 이미지를 가진 그분이 나타나면 소변이 끊어질 정도로 긴장을 하고 내면에는 두려움이 자리 잡았다. 그분은 나에게 너무 잘 해주었음에도 나는 그분의 목소리나 표정 그리고 나를 향한 눈빛에 주눅이 들었다. 너무 힘들었다. 심지어 전화를 받았는데 특정한 이미지를 가진 그분의 목소리였다. 나는 너무나 긴장되었다.

나는 그때야 '간이 콩알만 해졌다. 간 떨어지겠다.'라는 말의 의미를 실감하게 되었다.

전임사역을 하던 중에 더 나은 교회가 있어서 임지를 옮기게 되었다. 너무 행복했다. 자유가 오는 듯했다. 그런데 임지를 옮긴 그 교회에서 특정한 이미지를 가진 대상이 또 있었다. 대부분 사람들은 편안하게 대하고 자신감을 갖게 대인관계를 맺으며 살아가는데 이상하게도 특정한 이미지를 가진 대상만 보면 쉽게 위축이 되고 긴장하고 주눅이 들고 마주 대할 때는 두려움이 밀려올 때도 있었다.

목사 안수를 받은 후에 다음 사역지로 교회를 옮기게 되었다. 옮긴 교회도 마찬가지였다. 역시나 그곳에도 또 한 분이 있었다. 그분과 관계가 좋아지고 회복이 되면 또 한 분이 생겼다. 늘 그런 한 분이 있었다.

긴장의 연속이었다. 일이 힘든 것이 아니라 특정한 이미지를 가진 사람을 만나는 것이 힘들었고 그분과 함께 일을 해야 한다는 것도 힘들었다.

심장이 쿵 내려앉는 기분, 얼굴이 벌겋게 달아오르고 가슴이 뛰고 목소리조차 떨리는 그런 상황이 반복되었다.

특정한 이미지를 가진 사람을 두려워하고 위축되고 주눅이 드는 마음을 갖고 사역을 한다는 것이 얼마나 힘든 것인지는 경험해보지 못한 사람들은 이해하지 못할 것이다. 그분이 없으면 능력이 나타난다. 설교도 자유롭게 잘한다. 적절하게 유머를 사용한다. 그런데 그분이 등장하면 긴장이 된다. 심지어 말이 어눌해지기도 한다.

나는 다른 사람들도 다 그런 줄 알았다. 세월이 가면 자연스럽게 치유될 줄 알았는데 세월이 가면 갈수록 더 심해졌다. 내 속사정을 누구에게도 말할 수 없었고 원인도 해결책도 모르니 마음이 타 들어갔다.

대인관계에서 특정한 이미지를 가진 사람들에 대해 두려움과 긴장이나 위축되는 아픔을 경험해보지 않은 분은 모른다. 육체적으로 말하면 암 덩어리와 같이 고통을 준다고 보면 된다. 우리나라는 수직 구조의 문화이며 권위적이고 가부장적이며 위계질서와 예의범절을 강조한다. 이러한 문화 속에서 대인관계에 생기는 상처가 사람들에게 생각보다 많은 영향을 주고 있다.

평가에 지나치게 예민한 나

사람은 누구나 중요한 타인의 평가에 어느 정도 민감하게 반응을 하겠지만 나는 유독 심한 것 같았다. 내가 중요하다고 생각하는 타인의 안색을 많이 살폈다. 안색이나 표정이 밝으면 행복했지만 어두우면 나는 바로 긴장을 하곤 했다. 그 표정이 나의 마음을 오랫동안 지배를 해 평안을 잃어버릴 때가 많았다.

'혹시 나 때문이 아닐까? 내가 무엇을 잘못해서일까?'라는 생각이 맴돌아 마음이 불편했다.

또한 이들을 행복하게 해주어야 한다는 생각으로 경우에 맞지 않는 행동도 많이 한 것 같다. 교회에서 어떤 일을 한 후에는 평가회를 한다. 나는 평가회를 가장 싫어했다. 그 이유를 잘 몰랐는데 이제 와서 생각해보니 내 안에 평가를 지나치게 예민하게 반응하는 마음과 밀접한 관계가 있는 것 같다. 평가회를 하면 꼭 나를 지적하는 것 같아서 너무 싫었다.

지나가는 발걸음 소리에 긴장하는 나

사무실에 앉아 책을 읽거나 설교준비를 하는데 누군가가 복도를 지나가는 발소리가 들린다. 갑자기 긴장을 한다. 사무실 문을 열고 들어오면 어떻게 하지? 라고 생각하면서 불안해진다. 내가 생각해도 이해가 되지 않았다. 이런 일이 한두 번이 아니었다. 매번 그러한 일이 반복되었다.

실제로 사무실 문을 열고 들어오는 사람은 너무 반가운 사람이고 친한 사람들이다. 그런데 발걸음 소리를 들으면 나는 예민해진다. 그래서인지 모르겠지만 나는 발걸음 소리를 가능하면 내지 않으려고 하는 습관이 있다.

나중에 알게 된 것이지만 그 원인은 아버지의 발걸음 소리였다. 비가 오는 날, 밖에서 저벅저벅 하는 발걸음 소리가 들린다. 그 소리가 멈추고 방문을 열고 주인공이 들어오면 방안은 순식간에 아수라장이 된다. 어머니는 도망가기 바쁘고 아버지는 폭력을 행하기 시작한다. 아이들은 혼비백산이 되어 어디론가 숨게 된다. 어떤 날은 그 발걸음 소리 주인공이 방문을 열고 들어와 호롱불을 던져서 방에 불이 나기도 했고, 어머니가 장롱 안에 숨기도 했다. 방 안에 있는 물건들은 산산조각이 날 때도 있었다.

그 발걸음 소리.
나에게는 공포의 소리였다는 것을 치유 상담을 하면서 알게 되었다.

존재감 없는 사람으로 느끼는 나

존재감을 국어사전에는 '사람, 사물, 느낌 따위가 실제로 있다고 생각하는 느낌'이라고 정의되어 있다. 살아 있는 존재, 영향력 있는 존재, 중요한 사람, 소중한 사람, 필요한 사람으로 느끼는 것이라 할 수 있다.

나는 내가 생각해도 대인관계가 참 좋다고 생각했다. 모든 사람과 함께 잘 지내는 성격이라고 생각했다. 사람들도 나를 좋아한다고 생각하고 있었다. 하지만 성인이 되면서 대인관계를 잘 맺지 못한다는 생각이 들고 사람들 사이에서 존재감이 없다는 느낌을 받아 소외감이 들기 시작했다.

사실 사람들은 나를 참 좋아한다. 나를 보고 성격이 참 좋다고 한다. 열정적이고 융통성도 뛰어나고 풍부한 유머 감각으로 재미있다고 한다. 하지만 내 속사람은 울고 있을 때가 많았다.

'나는 왜 중요한 사람이 되지 못할까? 나는 왜 존재감이 없을까?'

왜 그렇게 생각하느냐고 묻는다면 나는 이렇게 대답을 할 것 같다.
"30분 정도는 누구와도 관계를 잘 맺는다. 하지만 30분이 지나면 자연스럽게 나 혼자가 되어 있는 모습을 발견하게 된다. 사람들이 내 모습을 알게 되면 싫어할 것이다."

치유 상담을 공부할 때 어릴 때 즐겁게 불렀던 노래를 부르면서 어린 시절을 유추해 보라고 했다. 나는 『고향의 봄』, 『꽃밭에서』, 『섬집 아기』 등의 노래를 부르면서 어린 시절을 생각해 보았다.

나의 어린 시절을 생각해 보면 늘 혼자였다.
마당에서 혼자 땅따먹기 놀이를 하는 모습이 종종 떠오르기도 한다.
그렇게 혼자 할 수밖에 없었던 이유가 있다.
우리 집은 6촌 형님 집과 나무 울타리를 하나 두고 함께 살았다.

형님과 나 그리고 6촌 형님들과 함께 놀이를 시작한다. 처음에는 같이 놀아 주는데 어느 시점이 되면 형님들끼리 놀게 되고 나는 어리기 때문에 혼자가 된다. 너무 억울해서 울면서 집에 오게 된다. 그러면 또 부모님께 잔소리를 듣게 된다.

"함께 놀지 않고 왜 울고 왔냐? 너는 매일 그 모양이냐, 또 울고 왔느냐? 우는 게 뭐 자랑이냐?" 이러한 일이 반복적으로 일어나니 혼자 남겨지고 혼자가 익숙해지는 상황이 되었다.

강한 여성을 두려워한 나

목회자로 사역을 하다 보면 여성들을 많이 상대한다. 여성들과 함께 교인을 심방하는 일을 많이 하게 된다. 나는 여성들과 함께 있으면 마음이 편안하다. 하지만 공격적인 여성이거나, 자기 생각을 강하게 주장하는 여성, 나를 가르치려고 하는 여성, 자신이 잘 났다고 주장하는 여성을 만나면 화가 나고 짜증이 난다. 그분들과 함께 타 지역에 있는 병원으로 심방을 가야 할 때가 있다. 그 날은 초주검의 시간이다. 비극도 이런 비극이 없다. 공격적인 여성의 말에 웃으며 반응을 하고 대화에 응해주지만 나의 내면은 너무 힘들었다.

특정한 이미지를 가진 여성을 두려워하는 감정은 일가친척 가운데 한 분과 밀접한 관계가 있음을 알게 되었다. 그런데 나는 어릴 때부터 '왜 나의 아버지는 그 여인에게 힘이 없을까? 그분으로부터 보호를 해주지 못했을까?'라는 생각을 많이 했다. 그분에 대한 원망도 컸지만 나를 지켜주지 못한 아버지에 대한 원망도 참 많이 했다. 아버지의 이런 태도가 이해되지 않았다.

이 외에도 너무나 많은 상처가 나의 내면에 기억의 파편이 되어 자리 잡고 있다. 그것들은 왜곡된 진리가 되고 상한 감정이 되어 나의 내면을 상처 내고 갉아먹고 있었다.

3. 상처를 치유하기 시작한 나

나는 상처의 원인이 무엇인지 몰랐다.

치유 상담을 공부하면서 원인이 원 가족과의 관계 특히 아버지와 깊은 관계가 있다는 것을 알게 되었다. 처음에는 반신반의했지만 공부를 할수록 원인이 분명해졌다. 그래서 치유 상담을 공부하면서 지속해서 아버지와의 관계를 탐색해보았다. 그런데 놀라운 일들을 발견하기 시작했다.

내면에 있는 아버지를 만나다

치유 상담을 공부한 지 2년이 되어갈 즈음 치유 그룹에 들어갔다.

15명 정도 참석한 자리에서 정태기 교수는 제일 먼저 치유하기를 원하는 사람은 앞으로 나오라고 했다. 아무도 나오지 않아 나는 아무것도 모르면서 제일 먼저 나갔다.

교수님은 나에게 이렇게 질문을 했다.
"어떤 부분을 치유 받고 싶습니까? 즉 어떤 상처가 치유되기를 바라십니까?"

나는 일초의 망설임도 없이 이렇게 대답을 했다.
"대인관계에 대한 상처를 치유 받고 싶습니다. 특정한 이미지를 가진 사람을 보면 그냥 두렵고 위축되고 기가 죽습니다."

내 말을 들으신 교수님은 빈 의자에 방석을 하나 놓고 이렇게 말했다.

"여기, 이 의자에 아버지가 앉아 있다고 생각하시고 평소에 늘 하고 싶었던 말을 하세요. 어릴 때 상처 입었던 감정을 아버지에게 토해 내세요."

나는 교수님의 지도를 따라 아버지에 대해 아픔을 끌어내기 시작하였다.

내 입에서 생각지도 않는 말이 나왔다.

"아버지, 왜 그렇게 사셨어요? 늘 술을 드시고, 엄마에게 화를 내고 폭력까지 행하셨어요. 우리가 그때마다 얼마나 두려움에 떨었는지 아세요? 아버지에 대한 두려움으로 난 지금도 사람을 대하기가 힘들 때가 있어요. 난 아버지가 싫어요. 아버지 목소리도 듣기 싫어요. 아버지의 피부가 내 피부에 닿는 것도 싫어요. 아버지가 우리 집 불행의 원인입니다. 아버지만 없으면 우리 집이 편안합니다. 아버지, 왜 그렇게 무섭게 대하셨어요. 아버지, 왜 그렇게 사람을 차별하셨나요? 우리 집에는 형님은 인간이고 나는 인간도 아니지요? 왜 그렇게 차별했나요?"

이때 교수님은 잠시 멈추게 하시고 이렇게 말씀하셨다.

"목사님! 지금 그렇게 표현해서는 감정이 잘 나오지 않습니다. 감정을 더 실어서 강하게 표현해 보세요."라고 했다.

난 더 강하게 눈물과 콧물을 흘리면서, 어린아이가 응석을 부리듯이 온 방을 휘저으면서 감정을 실어 아픈 마음을 토해냈다.

아버지에 대한 마음을 거의 다 쏟아내었을 때 교수님은 나에게 빈 의자에 앉으라고 하셨다.
나는 생각 없이 자리를 바꿔 반대편 빈 의자에 앉았다.

그때 교수님은 이렇게 말했다.
"목사님, 이제 아들의 말을 듣고 아버지가 되셔서 답을 해주세요. 목사님의 말을 듣고 아버지가 여기에 계신다면 무엇이라고 말씀하실 것 같습니까?"

난 순간적으로 하늘이 노랗게 변하는 것 같았다.
머릿속이 백지장처럼 하얗게 변했고 도무지 무슨 말을 어떻게 해야 할지 몰랐다. 나는 아버지 입장에서 한 번도 생각하지 않았다.

순간 내 머리에 스쳐 가는 아버지의 모습은 가정을 위해 헌신하는 모습이었다. 평소에는 한마디도 하지 않았지만, 술만 드시고 오면 잠자는 우리를 깨워 잔소리하듯 감정을 표현하시던 아버지의 목소리, 논에서 일하시던 모습, 노상에서 과일을 파시다가 경찰서에 잡혀가신 일, 정미소에서 일하실 때 밧줄에 감겨서 갈비뼈 3개가 부러진 일, 정미소에서 수많은 먼지를 마시면서 일하시던 아버지의 모습이 지나갔다. 그리고 아침에 학용품을 사야 한다고 했을 때 야단을 치신 후, 울면서 학교로 향하던 내 뒤를 자전거를 타고 따라오셔서 손에 돈을 쥐여 주시며 하셨던 말씀도 생각났다.

"어제저녁에 말했으면 빌려놓았을 텐데, 아침에 말하니 속이 상해서 화를 냈던 거다." 하시던 아버지의 얼굴도 떠올랐다.

한동안 말을 잇지 못하는 나에게 교수님은 다시 말씀하셨다.

"목사님, 이제 아버지가 되어서 힘들어하는 아들에게 하고 싶은 말을 해주세요."

내 입에서 이런 말이 흘러나왔다.

"아들아, 미안하다. 네가 이렇게 힘들어하는 줄은 몰랐구나. 사실 아버지도 큰집에서 머슴처럼 살았단다. 너의 할아버지가 노름을 해서 그 많던 논과 밭 그리고 집까지 다 날려버렸어. 갈 곳이 없었을 때 너희 큰할아버지가 집을 지어주면서 여기서 살라고 했단다. 그 이후로 난 큰집에 머슴처럼 살았단다. 그래서 속상하고 힘들어서 술을 먹었고 집에서 화를 많이 내었구나. 상열아…. 미안하다."

난 그때 아버지께서 미안하다는 말씀을 하셨을 때 얼마나 울었는지 모른다. 아버지의 삶을 전혀 이해하지 못하고 38년을 살아온 내가 한심했다. 그리고 아버지께 미안한 마음이 들기 시작했다.

그때 교수님은 다시 이렇게 말씀하셨다.

"목사님, 이제 자리를 바꾸어서 아들이 되어 빈 의자에 앉아 있는 아버지에게 하고 싶은 말을 하세요."라고 했다.

나는 다시 자리를 바꿔 앉아 이렇게 말했다.

"아버지, 미안합니다. 그리고 고맙습니다. 사랑합니다."

그때 교수님은 내게 다가와서 말없이 꼭 안아주셨다. 그리고 함께 치유그룹에 있었던 사람들에게 이렇게 말씀하셨다.

"이제 다 같이 일어나서 목사님을 안아줍시다. 아버지 같은 마음으로 꼭 안아줍시다."

이후에 요람 태우기 작업을 한 후에 기도해 주셨다.

처음에는 '이러한 치유 작업이 얼마나 효과가 있을까?'라고 생각했다. 그런데 기적은 서서히 일어나기 시작했다. 세월이 가면 갈수록 내 안에 내가 알지 못하는 내적인 힘이 생기기 시작했고 대인관계에 대해 두려움이 완전히 없어지지는 않았지만, 이전에 내게 미치던 영향력은 80% 이상 약해졌다. 그 이후 나의 인생이 달라지기 시작하였다. 그 일이 있었던 후에 교인들에게 "목사님, 요즘 좋은 일 있으세요? 표정이 아주 밝아졌습니다. 자신감이 넘치는 것 같습니다."라는 말을 많이 듣게 되었다.

아버지의 어린 시절을 듣게 되다

나는 치유 그룹에서 내면의 아버지를 만난 이후에 많은 변화가 일어나고 있음을 알게 되었다. 아버지와의 관계가 많이 편안해졌다. 대화도 자연스러워졌고 아버지가 짜증 섞인 목소리로 말을 해도 그냥 수용이 되고 마음이 편했다.

그래서 나는 또 다른 결단을 했다.
아버지를 더 잘 알기 위해서 아버지의 어린 시절을 들어보기로 했다. 뒤에서 언급하겠지만 아버지의 어린 시절을 들으면서 나의 가슴에 맺혀 있는 것이 많이 회복되었다. 궁금한 것, 내 가슴에 쌓여 있는 것을 하나하나 질문하기 시작했다. 그때 아버지는 당신의 살아온 날들을 이야기하는데 얼굴에 화색이 돌았다. 신바람이 나듯이 이야기를 해주었다. 아버지의 인생을 들은 후에는 아버지를 바라보는 관점, 아버지를 대하는 태도에 많은 변화가 일어났다. 미안함과 죄송함 그리고 고마움과 감사하는 마음이 나를 지배하기 시작했다.

나는 상담이나 강의를 하면서 이렇게 말할 때가 많다.
"부모님의 어린 시절을 들어보라. 특히 아버지의 어린 시절을 꼭 들어보길 바랍니다."
아버지도 최선을 다하여 삶을 사셨지만, 윗대로부터 내려오는 미해결된 감정을 자녀에게 투사했을 가능성이 크다. 그리고 당신의 아버지도 피해자인 것을 알게 될 것이다. 당신의 아버지도 힘들게 사셨다는 것을 대화를 통해 알 수 있을 것이다.

아버지에 대한 상처가 많다 할지라도, 대화가 되지 않는다 할지라도 가능하면 많은 질문을 통하여 부모님의 어린 시절을 많이 알아보라. 부모님의 얼굴에 웃음꽃이 피는 것을 보게 될 것이다. 그리고 이 대화를 통해 당신을 이해하는 데 많은 도움이 될 것이다. 이 과정을 통해 당신의 감정을 조절하는 능력이 향상될 것이며 당신의 배우자와 자녀를 대하는 것이 한결 편안해지는 것을 경험할 수 있을 것이다.

나의 어린 시절을 만나기 시작했다

나의 어린 시절을 만나보려고 노력을 했는데 정말로 기억나는 것이 없었다. 특히 초등학교 전까지는 전혀 기억나는 것이 없었다. 고향을 자주 왕복하면서 어린 시절을 찾아보려고 했지만, 생각이 나지 않았다.

왜 어린 시절이 생각이 나지 않을까에 대한 질문을 교수님께 해 보았다. 교수님이 대답하기를 "어린 시절이 생각이 나지 않는 것은 행복한 기억이 별로 없어서입니다. 기억하기 싫어서 그럴 것입니다."라고 하셨다.

교수님은 필자에게 어린 시절을 찾는 방법을 몇 가지 제시를 했다.

첫 번째가 어릴 때 사진을 찾아보라고 했다

당신이 부모에게 어떤 대우를 받았는가를 알 수 있는 증거가 될 수 있다고 했다. 6~70년도에는 살기 힘들었기에 사진이 많이는 없겠지만 그래도 돌 사진을 있을 것이라고 했다. 나는 어릴 때 사진을 찾으려고 노력을 해보았다. 그런데 나의 어린 시절 특히 초등학교 졸업하기 전까지는 사진은 거의 없었다. 이러한 노력을 할 때 초등학교 시절이 조금씩 떠오르기 시작했다.

두 번째는 동요를 부르라고 했다

나는 몇 곡의 동요를 선택하여 불렀다.『고향의 봄』,『꽃밭에서』,『섬집 아이』라는 노래를 지속해서 불렀다. 놀랍게도 나의 기억 속에 어린 시절에 새록새록 떠오르기 시작했다.

나는 여기서 멈추지 않고 한 발걸음 더 나아가기도 마음을 먹었다.

초등학교에 가서 생활기록부를 보는 것이 도움이 될 것 같다는 생각이 들었다. 6년 동안 매일 나를 지켜본 담임선생님들은 나를 어떻게 보셨을지 참으로 궁금해졌다. 나는 즉시 내가 졸업한 초등학교 생활기록부를 구했으며 초등학교 담임선생님 한 분을 만나서 나의 어린 시절을 탐색하기 시작했다. 이후에 중·고등학교도 방문하여 생활기록부터 떼어 확인해보았다. 나를 아는데 많은 유익이 되었다.

나의 어린 시절을 알고 싶어서 초등학교 동기회에 참석을 해보았다.

친구들은 내가 몇 학년 때 전학을 왔는지, 그때 모습이 어떠했는지, 운동회 때 어떤 일이 있었는지를 알고 있었다. 나는 친구들의 이야기를 들으면서 친구들이 나를 기억한다는 것이 놀랍기도 했고 내가 나에 대하여 너무 모른다는 것이 또한 놀랍기도 했다.

아버지를 찾아가서 나의 어린 시절을 들어보기로 했다.
어머니에게 들으면 참 좋겠지만 이미 치매가 진행된 지 오래되었기에 하는 수 없이 아버지를 찾아가서 나의 어린 시절을 들어보았다. 왜냐하면 나의 어린 시절을 안다는 것은 나를 알아 가는데 중요한 자료이기 때문이었다. 머리가 깨진 일, 코피 터진 일, 얼음을 타다가 못에 빠진 일, 큰집 마루에 있는 곶감을 빼먹다가 혼난 일, 아버지와 함께 웃으면서 추억을 다시 들었다. 속된 말로 하면 나의 어린 시절을 알기 위해 별짓을 다 한 것 같다.

내 인생에 박수를 쳐줄 사람은 찾기 시작했다
나는 내 인생에 박수를 보내줄 사람이 누가 있는가를 생각하며 산행을 하였다.
원 가족을 생각해보았다. 나에게 박수를 보낸 사람은 누구일까 눈물만 흘렸다.
내가 너무 불쌍했다.
내 인생에 박수를 보낸 사람들은 많지가 않았다. 물론 부모는 나에게 박수를 보냈지만, 나의 가슴에는 제대로 스며들지 않았던 것 같았다.
그때 나는 다짐을 했다.

내가 내 인생에 박수를 보내기로 했다.

내가 내 인생에 팬클럽을 만들고 내가 회장이 되어 응원하기로 했다.

4. 아버지를 다시 만나서 새로운 인생을 살고 있는 나

아버지와의 관계가 회복되고, 마음을 나누는 대화를 하고 아버지의 마음에 있는 상처를 알게 되고, 아버지의 사랑을 깨닫고 나니 내 인생에 너무나 많은 변화가 일어났다.

첫 번째 변화, 나 자신을 존중하고 사랑하기 시작한 것이다.
나의 존재감과 가치성이 회복되기 시작했다. 내가 얼마나 소중하고 존귀하고 고귀한 존재라는 사실을 알게 되었다. 건강한 자존감과 존재감이 나를 지배하기 시작했다.

두 번째 변화, 대인관계에 자신감이 생겼다.
자신에 대한 새로운 이미지가 형성되면서부터 대인관계에 상처들이 하나하나 치유되기 시작했다. 대인관계가 치유되고 나니 얼마나 행복한지 모른다. 대인관계에 자신감을 갖게 되니까 나의 인생이 바뀌기 시작했다. 한마디로 '이것이 행복이구나. 살 맛 나는구나.'를 외치게 되었다.

세 번째 변화, 감정을 관리하는 능력이 생겼다.
가족이나 대인관계에서 나도 모르게 불끈 솟아오르는 분노와 짜증 그리고 욱하는 감정조절이 되기 시작했다. 나의 분노를 관리하는 능력이 생기기 시작했다.

네 번째 변화, 사람을 대하는 태도가 달라졌다.

자신만의 안경을 쓰고, 자기만의 진리라고 생각하는 신념과 고정관념을 갖고 사물과 사람을 대하던 태도가 바뀌기 시작했다. 모든 것을 긍정적이며 장점으로 보는 능력이 향상되기 시작했다.

다섯 번째 변화, 성인으로 느끼는 삶으로 변화되었다.

자존감이 건강하지 전에는 나 자신을 성인으로 여기는데 장애가 많았다. 호적상의 나이는 이미 40이 넘어가는데 나는 나를 항상 어린아이처럼 생각하고 있었고 의존적인 마음이 나를 지배했다. 아버지와의 관계가 회복되고 나니 내가 너무 멋진 성인이 되어있었다.

한마디로 내 인생이 이렇게 변할 줄은 나도 몰랐다

치유 상담을 공부하면서 현대를 살아가는 아버지들의 삶이 참 힘들겠다는 생각을 많이 해보았다. 직장생활을 하면서 관계를 맺으면서 일을 해야 하므로 스트레스를 참 많이 받을 것이라는 생각이 들었다. 대인관계에 갈등이 있어도 가장이기에 참고 억압하고 인내하면서 일을 해야만 한다.

필자가 아는 어떤 분은 스트레스를 받아 간에 심각한 이상이 왔다. 그런데도 쉬지 못한다. 왜냐하면 가장이기 때문이다. 이러한 환경 속에서 가장의 사명을 감당하기 위해 일하시는 우리의 아버지들에게 격려와 위로의 박수를 보내야 할 것이다.

함께 나누기

1. 당신은 '아버지!' 하면 무엇이 가장 먼저 떠오르는가?
   40세를 기준으로 이전과 이후에 대하여 함께 나누어보자.
   그렇게 생각하는 이유는 무엇인가?
   - 40대 이전

   - 40대 이후

2. 당신은 아버지의 어린 시절을 아는가? 알고 있는 부분을 함께 나누어보자.

3. 아버지의 성장 과정을 한번 들어보자. 들으면서 어떤 느낌이 들었는지를 함께 나누어보자.

4. 아버지가 하신 말씀 가운데 가장 기억이 나는 긍정적인 말은?

5. 성장할 때 당신에게 박수를 쳐준 사람이 있습니까? 있다면 누구이며 어떻게 박수를 쳐 주셨습니까? 없다면 내 인생에 내가 박수를 칩시다. 어떤 부분에 박수를 쳐 줄 수 있는가?

6. 아버지에게 미안하고 죄송한 것을 10가지 정도로 적어보자. 그리고 적으면서 어떤 느낌이 들었는가?

2장 존경합니다. 아버지!

1. 아버지의 어깨

아버지에게는 가장이라는 이름이 있다.

가장으로서 결혼과 동시에 가정을 위해 일하기 시작했다. 아버지에게 일은 선택이 아니라 필수였다. 아버지가 일을 하지 않으면 가정이 유지될 수 없기 때문이다. 경제적인 지지가 없으면 자녀들이 공부를 할 수가 없다. 아버지는 가정의 행복을 위해 열심히 일을 해야 했고 그 일은 자녀들의 삶에서 아버지와 함께할 시간을 빼앗아갔다.

일은 아버지와 자녀들이 관계 맺는 시간과 대화의 시간을 맞바꾸게 했다.

아버지도 자녀들과 따뜻한 대화를 하고 싶어 했다.

대화의 중요성을 충분히 알고 있었다. 이러한 사실을 알면서도 아버지는 일을 해야만 했다. 왜냐하면, 안 하면 안 되니까. 몸이 아파도 쉬지 못하고 일을 해야만 했다. 일을 사랑해서가 아니라 아내와 자녀를 사랑했기 때문이다.

그로인해 자신의 자리를 잃어버린 아버지들이 얼마나 많은지 모른다.

요즘 인기 있는 드라마인 〈황금빛 내 인생〉을 보면서 아버지의 무거운 발걸음, 막중한 책임감, 아버지의 속마음, 아버지의 울부짖음과 절규 그리고 아버지의 외로움을 많이 느낀다. 자녀들은 자신들이 받은 상처들만 생각하고 있다. 아버지의 깊은 마음을 아무도 몰라준다. 심지어 아내도 남편의 마음을 전혀 모르고 있다. 아내와 자녀들을 위해 평생을 열심히 일하고, 공부시켜주고, 사랑한 것이 다였는데 아내의 잘못으로 힘들어하는 아버지의 모습을 바라보면 가슴이 아프다.

드라마 가운데 이런 장면이 나온다.
아버지가 자신이 심한 병에 걸렸을 것이라는 생각을 하게 된다. 그런데 그때 아빠의 얼굴에는 미소가 피어나고 있다.
크리스마스를 맞아 거리에서 모금하는 구세군 아가씨가 다가와 이렇게 말을 건넨다.
"아저씨, 좋은 일이 있으세요? 얼굴에 웃음이 가득하네요. 행복해 보입니다."

이때 아버지는 이렇게 말한다.
"예, 좋은 일이 있습니다. 행복합니다."
이 말의 이면에는 죽음이라는 것을 통해 아버지라는 이름, 가장이라는 이름, 남편이라는 이름에서 해방될 수 있음을 암시하고 있다. 더는 고민하고 아파하고 책임을 져야 할 무거운 짐을 내려놓아도 된다는 의미일 것이다. 그 이후 아버지는 변한 모습을 보인다. 자신이 젊을 때 하고 싶었던 일을 시작한다. 머리 염색을 하고, 맛 나는 음식과 입고 싶었던 옷을 구입해서 입기도 하고, 평소에 가고 싶었던 음악회도 다닌다.

지금까지 오직 가장, 아버지로서의 인생을 살았기에 남은 생애라도 자신의 인생을 한번 살고 싶었던 것이었다. 이러한 변화에 가족들의 반응은 차갑기만 하다.

상담소를 방문한 사람으로부터 이런 말을 들었다.
"남편은 집에 돈만 가져다주고 안 들어왔으면 좋겠다. 자녀를 양육할 만큼 경제력이 있다면 남편과 살고 싶지 않다."

이 말을 듣고 나는 이렇게 말했다.
"당신에게 남편이란 존재는 어떤 존재입니까? 돈을 벌어다 주는 사람입니까? 당신은 참 이기적이고 나쁜 사람입니다. 당신의 남편이 밖에서 일하는데 얼마나 힘 드는지 아십니까? 일하는 이유가 무엇인지 아십니까? 바로 당신과 자녀들을 위해서입니다. 일도 힘들지만, 관계도 힘듭니다. 당신의 남편이 일하는 곳은 전쟁터입니다. 살벌합니다. 그곳에서 살아남아야 하고 버텨야 합니다. 나이는 들어가지, 젊은 사람들은 치고 올라오지, 집에서는 나만 바라보고 있지, 정말 힘든 사람들입니다. 그리고 얼마나 불안한지 아십니까?"

요즘 인터넷에서 많이 유행되는 덩어리 시리즈, 심지어 TV에 광고까지 등장했다.

외출할 때 남편을 집에 혼자 놔두면 '근심 덩어리'
외출할 때 데리고 다니면 '짐 덩어리'
남편 혼자 밖에 보내면 '사고덩어리'
마주 앉아 있으면 '원수 덩어리'
며느리 집에 맡기면 '구박 덩어리'

이 덩어리 시리즈와 광고를 들을 때마다 나는 속으로 아내들에게 이렇게 외친다.
"아내들이여! 남편의 인생을 아느냐. 남편이 가장의 책임을 다하기 위해 밖에서 얼마나 힘들게 일을 하고 있는지 아느냐. 젊을 때 가정과 자녀의 미래를 위해 경제를 책임져야만 하는 아버지의 삶을 아느냐? 자녀들에게 아빠를 존경할 수 있도록 양육을 했으면 한다."

아버지들에게도 이렇게 외친다.
"좀 더 잘하지"
"우리의 아버지들은 왜 아내에게 덩어리로, 짐으로 느껴지게 했을까?"
"자녀들에게 존경을 받지 못하고 일만 하는 사람으로 기억하게 했을까?"
"이것이 꼭 남편만의 책임인가."
"아버지들이여! 변해야 합니다."

한국에서 아버지로 산다는 것은 어떤 의미일까?
　가장으로서 아버지의 삶의 의미는 무엇일까? 나는 다섯 자녀를 양육하는 아버지의 어깨를 생각해 보았다. 경제를 책임져야만 했던 아버지의 어깨는 얼마나 무거웠을까? 필자도 아버지가 되고 보니 새삼 아버지의 삶이 위대해 보이고 존경스럽다는 생각이 든다.

　언제나 강하고 튼튼하게만 느껴졌던 아버지의 어깨가 어느 날 갑자기 한없이 약하게 보였다. 내 아버지의 어깨가 작아 보이기 시작했다. 아버지의 어깨에는 어떤 짐들이 쌓여 있을까? 아버지의 어깨에 대한 생각은 세월의 흐름에 따라, 나이에 따라, 성별에 따라, 출생서열에 따라, 아버지와의 관계에 따라 각각 다르게 느껴질 것이다.

　아버지의 무거운 어깨를 생각하니 가슴이 저려온다.
　40세 이전까지 아버지는 우리를 힘들게 하는 분으로, 엄마의 가슴을 아프게 하는 분으로만 이해했다. 두 아이의 아버지가 되어보니 아버지의 어깨가 얼마나 무거웠을까를 새삼 깨닫게 된다.

　필자는 아버지와의 관계에서 마음 아프게 얽혀있는 부분은 돈과 밀접한 관계가 있다. 아버지는 육성회비를 비롯하여 학용품을 사려고 돈을 달라고 하면 무조건 돈이 없다고 하신다. 소리를 버럭 지르시면서 화부터 내셨다. 때로는 "이 놈의 새끼야! 내가 돈을 찍어 내는 기계냐?"라고 말씀하면서 짜증을 내셨다. 중학교 진학

할 때도 무조건 안 된다고 하셨다. 고등학교 진학할 때도 절대 안 된다고 하셨다. 신학대학을 진학할 때도 돈이 없어 안 된다고 하셨다.

아버지에게 야단을 맞은 나는 속이 상해 울면서 학교로 발걸음을 옮긴다. 조금 시간이 지나면 아버지는 자전거를 타고 나를 따라와서 육성회비를 주고 가신다.

나는 어린 나이에 늘 이렇게 생각했다. "돈이 있으면서도 안 주고 꼭 울려놓고 주는 거야?" 나는 이러한 아버지가 이해가 되지 않았다. 이왕 주시려면 기분 좋게 주시지, 왜 울려 놓고 주시는지 이해가 되지 않았다.

세월이 흘러 내 나이 40이 넘고 아버지는 건강이 좋지 않아 병원에 입원하셨다. 나는 아버지가 병원에 입원해 계실 때 물어보았다.
"아버지는 우리가 어릴 때 돈을 달라고 하면 무조건 안 된다고 하시고, 울면서 학교로 가는 나를 자전거를 타고 따라오셔서 필요한 돈을 주고 가셨어요?"

아버지는 이렇게 말씀하셨다.
"아침에 갑자기 돈이 필요하다고 말을 하면 화가 나기도 하고 짜증이 났단다. 저녁에 미리 말을 하면 어떻게 준비라도 할 것인데 아침에 말하면 주머니에 당장 내줄 돈이 없잖아. 그래서 화를 낸 거야. 아이들이 다섯이나 되는데 나도 속이 상해서 그랬던 거야. 너에게 화를 내고 나면 미안해서 옆집에 가서 필요한 돈을 빌려서 울고 가는 너를 따라가서 준 거야."

나는 병원에서 아버지와 대화를 나누면서 얼마나 울었는지 모른다.
그리고 이렇게 말했다.
"아버지 많이 힘드셨죠. 한 명도 아니고 무려 다섯 명이나 공부시키느라고 힘드셨죠."
"병든 어머니를 간호하느라고 많이 힘드셨죠. 아버지, 죄송하고 미안해요. 제가 아버지의 마음도 모르고 원망을 많이 했어요."

나는 아버지에게 또 하나의 질문을 드렸다.
"아버지! 내가 중학교 입학하는 날 나에게 이렇게 말씀하셨어요. '너는 고등학교 갈 생각을 하지 말고 중학교만 졸업한 후에 울산에 있는 공장에 취직하여 돈을 벌어오너라. 너의 공부는 여기까지다.'라고 하셨어요. 왜 그러셨어요?"

아버지는 이렇게 말씀하셨다.
"동생들도 있는데 네가 고등학교를 가면 동생들을 어떻게 교육을 시키느냐. 네 동생들도 중학교는 나와야 하지 않겠느냐. 너도 알다시피 우리 집이 어려웠지 않느냐. 그리고 집에서 돈을 버는 사람은 나밖에 없는데 어떻게 하느냐?"라고 하셨다.

내가 아버지가 되고 가장이 되어보니 아버지 마음이 너무 이해가 되었다.
'나는 아버지처럼 아이들을 울려 놓고 돈을 주지는 않을 거야. 필요한 것이라면 기분 좋게 줄 거야.'라고 다짐을 했다. 그런데 막상 가장이 되고 아버지가 되니 힘든 부분이 많았다.

내 입에서 "내가 돈을 찍어 내는 기계냐?"라는 말이 나올 줄이야!
두 아이가 고등학교에 다닐 때였다.
거실에서 아내와 아이들이 대화하는 소리가 들렸다.
"엄마! 오늘 통닭을 사 먹자."
아내는 "이틀 전에 먹었잖아. 오늘은 안 돼."라고 했다.
아이들은 아내에게 떼를 쓰기도 하고 애교를 부리기도 하며 협상하기도 했다.

나는 안방에서 가만히 듣고만 있다가 화가 났다.
'애들이 어찌 자기들만 생각할까?'
나는 화가 나서 안방 문을 열고 나오면서 이렇게 말했다.
"이 놈의 새끼들! 내가 돈 찍어내는 기계인 줄 알아?"

그 순간 나는 깜짝 놀랐다.
'내가 그렇게 듣기 싫었던 말을 하고 있다니! 아! 이것이 아버지의 마음이었구나. 자녀들에게 해주고는 싶은데 경제적으로 어려우니까 마음이 너무 아파서 한 말이었구나. 그런데 나는 아버지의

마음을 모르고 원망을 하며 살았구나.'

　나는 그제야 그동안 깨닫지 못했던 아버지의 진짜 마음을 느낄 수 있었다.
　아버지가 생각이 나서 소리를 내어 펑펑 울었다.

　'아버지, 많이 힘드셨죠. 가진 것 없이 5남매를 양육하고 공부시키느라고 고생 많이 하셨지요. 죄송해요…. 아버지의 마음을 이토록 몰랐다니요. 이렇게 늦게 깨달아 죄송해요. 그리고 고마워요. 이제야 아버지의 마음을 알 것 같아요. 머리로는 알았는데 가슴으로는 이제야 알게 되었네요. 다 해주고 싶은데 해 줄 수 없는 상황이어서 속상해서 그러셨군요. 아버지, 많이 힘드셨죠. 많이 외로우셨죠? 그래서 일을 마치면 그렇게 늘 술을 드시며 외로움을 달래셨던 거군요.'
　나는 가슴이 먹먹해져서 하염없이 울었다.

　우리나라에서 가장으로 산다는 것은 참 힘든 일인 것 같다.
　가장이라 해서 꼭 아버지라고 말할 수는 없지만, 가장은 엄청난 책임감과 의무감 그리고 무거운 짐을 지고 있는 것은 분명하다.

　나는 아내에게 이렇게 말했다.
　"여보! 이제 두 아이가 대학을 졸업했으니 이제 조금 여유롭게 삽시다. 이제 자녀들에게 큰돈 들어갈 일이 없으니 이제 살 것 같아요."

그때 아내는 이렇게 말했다.

"여보! 그래도 아들이 장가갈 때 집 한 채는 마련해줘야 하지 않나요? 그리고 딸이 시집갈 때 혼수를 적당하게 해서 보내야 하지 않을까요?"

아내의 말을 듣는 순간 아버지의 모습이 또 떠오른다.
'땅 한 평 없이, 평생 남의 땅에서 일하시면서 2남 3녀를 키우시고 공부시키고 시집장가 다 보내신 아버지, 어머니는 얼마나 고생하셨을까? 얼마나 힘들었으면 어머니는 일찍부터 허리가 아프셨다. 골병이 든 것이다. 아버지는 기관지가 나쁜 것을 알면서도 먼지투성이인 정미소 안에서 일을 하셨다. 아버지, 어머니 고맙습니다. 불효자식이 이제야 깨닫는다.'

아버지, 어머니에게 보답할 수 없으니 새롭게 다짐을 한다.

이 사랑으로 사람을 섬기겠습니다.
이 사랑으로 내가 성숙한 사람이 되겠습니다.
이 사랑으로 자녀와 아내를 사랑하겠습니다.
이 사랑으로 목회를 하고 사역을 하겠습니다.

부모님의 사랑은 돌아가신 후에 더 많은 빛을 발하는 것 같다.

2. 아버지의 외로움

'아버지!' 하면 떠오르는 모습이 몇 가지가 있다.

나는 어릴 때부터 아버지와 함께 논에서 일을 할 때가 많았다. 몇 시간을 일하시다가 조금 쉬자고 하시면서 논둑에 앉아 먼 하늘을 바라보시면서 담배를 피우시던 모습이다. 지금도 아버지 입에서 뿜어져 나오는 담배 연기가 나의 기억을 스쳐 지나간다. 내가 어릴 때는 몰랐는데 세월이 가면서 그때 아버지의 모습을 떠올려 보면 점점 더 외롭게 느껴진다. 측은한 마음마저 생긴다.

간혹 아버지를 찾아뵐 때마다 방 안에 혼자 누워계시는 모습이 한없이 외로워 보였다. 세월 앞에 장사가 없다고 아버지의 흰 머리카락과 늙으신 모습을 보니 더 외로워 보였다. 아버지는 천식이 있으셨는데 어머니까지 간호하시는 모습을 바라보면서 한없이 미안함과 고마움에 어찌할 바를 몰랐다.

아버지가 젊을 때는 당당하셨고, 해야 할 역할이 있고 존재감이 있었다. 그런데 연세가 들고 몸이 아프니 모든 것을 상실한 것 같다. 그냥 외롭고 고립된 섬 같다. 주변에 아무도 없는 것 같았다. 측은한 생각이 든다. 심지어는 불쌍한 생각까지 든다.

얼마 전에 필자는 60대 중반을 사는 분에게 이런 질문을 해 보았다.

"형님도 아버지가 되었고, 아버지도 계실 텐데, '아버지' 하면 어떤 생각이 나요?"

그분은 딱 한 마디로 이렇게 말했다.
"외롭고 불쌍하지요."
"오직 가정을 지키며 아내와 자녀를 위해 자신의 생명을 다 바친 분 아니겠어요. 그런데 남은 것은 질병뿐이잖아요. 자녀들은 다 떠나버렸고 대화할 상대도 없고, 시대가 너무 변해서 대화하려고 해도 말이 통하지 않고 외롭고 불쌍하지요."

그분은 이어서 이런 말을 했다.
"아내는 엄마로서 자녀들과 대화가 되고 함께 있는 시간도 있지만, 아버지는 외딴 섬이 되어 혼자 있으니 얼마나 힘들고 외롭겠어요. 나도 자녀들과 대화를 하고 싶은데 끼워주지 않아요. 설령 대화를 시작해도 할 말이 없어요."

이 말을 듣는 순간 아버지 생각이 났다.
언제나 말없이 벽에 기대에 눈을 감고 혼자 앉아 계시던 아버지의 모습.
아버지에게 인사만 하고 나의 방으로 가버린 나.
했던 말을 또 한다고 아버지의 말을 무시하거나 말을 할 기회를 주지 않았던 나.
때로는 술을 드시고 오시면 말씀을 하시는데 그때 반항하던 내

표정.

 아버지는 언제나 혼자였던 것 같다. 가정에는 아내도 있고 아들도 있고 딸도 있었지만, 아버지 곁에는 아무도 없었던 것 같다.

 그분이 나에게 질문을 했다.
"목사님! 혹시 국제시장이라는 영화를 보셨어요?"라고 물었다.
나는 "예"라고 대답을 했다.
그분은 이렇게 말했다.
"국제 시장을 보면 우리의 아버지들이 어떻게 살아왔는지가 나오잖아요. 독일의 광부로, 간호사로, 월남으로 파병을 가는 장면이 나오잖아요. 우리 아버지들의 이야기입니다."라고 하셨다.

 그분의 말을 듣는 순간에 두 가지 장면이 나의 머리를 스쳐 지나갔다.

 첫 번째는 월남 파병을 앞두고 아내와 갈등을 겪던 아버지의 말이다.
"여보! 이런 고통을 우리가 겪는 것이 낫지요. 이런 고통을 우리의 자녀들이 겪는다고 생각해 보세요."

 두 번째는 마지막 장면에 아들딸, 손자 손녀들이 함께 온 가족이 함께 모여 노래를 부르며 즐거워하는데 아버지는 홀로 사랑방으로 가서 담배를 피우시면서 이렇게 말한다.

"아버지! 내 잘 살았지요. 내 고생 많이 했습니다. 그래도 엄마와 동생들과 잘 살았습니다. 아버지!"

아버지가 돌아가신 지 10년이 되어간다.
요즘 와서 왜 그렇게 아버지 생각이 많이 나는지 모르겠다. 백발의 머리를 보면 그냥 아버지가 생각이 난다. 아버지는 얼마나 외로웠을까? 외로움을 어떻게 극복했을까? 아버지의 살아온 발걸음들이 생각이 난다. 어릴 때는 아버지 사랑을 잘 몰랐는데 이제 와서 생각해보니 아버지의 모든 행동이 사랑이었다는 것을 깨닫게 된다.

무서웠던 아버지의 말과 행동도 이제는 사랑으로 다가온다.
나를 울리며 마음을 상하게 했던 것도 사랑으로 느껴진다. 얼굴에 피어있는 주름살이 한없이 멋있고 아름답게 느껴진다. 화를 내고 짜증을 내시던 모습도 얼마나 힘들과 외로웠으면 그랬을까? 하는 생각이 든다.

나도 어느덧 두 아이의 아버지가 되었다.
첫째는 대학을 졸업해서 서울에서 생활하고 있다. 나는 간혹 아이들이 보고 싶다. 전화기로 목소리만 들어도 행복하다. 아이들이 집에 온다고 소식을 전할 때면 나는 너무 행복하다.

그래서 아내에게 이렇게 말한다.

"여보! 한 달 후에 공주와 아들이 온다."
"여보! 보름 후에 아들과 딸이 온다."
"여보! 일주일 후에 딸과 아들이 온다."
자녀들이 얼마나 기다려지고 보고 싶은지 모른다.

그러면서 아버지와 어머니를 생각해본다.
고등학교를 졸업한 후에는 명절 때가 아니면 집에 가질 않았다. 돈이 필요할 때만 전화를 했다.
'아버지와 어머니는 나를 얼마나 보고 싶어 했을까? 얼마나 기다리셨을까?'
이 생각을 하면 그냥 눈물이 난다.
'미안해요. 아버지 어머니! 못난 자식도 자식이기에 보고 싶었을 텐데….'

필자는 아버지와 대화를 하다 보면 이야기 끝에 말싸움이 되는 경우가 많았다.
한번은 아버지에게 이렇게 말했다.
"아버지는 다른 사람들에게 친절하고 인자하신데 왜 가족들에게는 화를 잘 내시고 짜증을 많이 내셨어요? 우리에게도 이웃을 대하듯이 좀 다정다감하게 해 줘 봐요."

아버지는 이렇게 말했다.
"너는 교회에서 교인들에게 화를 잘 내느냐?"

나는 교인들에게는 "화를 잘 내지 않는다."고 했다.

아버지는 "너도 교인들에게는 화를 내지 않으면서 왜 아버지에게는 짜증을 많이 내느냐?"고 했다.

나는 할 말이 없었다. 듣고 보니 참 진리의 말인 것 같다. 이어서 아버지는 이렇게 말했다.

"너와는 싸우더라도 대화가 되니까 속이 시원하다. 그래서 난 네가 좋다."

이후로부터 나는 아버지에게 자주 질문을 했다.
가능하면 아버지가 많은 말씀을 하게하기 위해서이다.

이 글을 읽는 독자들에게 말하고 싶다.
부모님이 살아계신다면 가능하면 부모의 살아오신 인생을 들어보라.

3. 아버지의 기다림

학창시절 나는 학교에 가려면 집에서 중학교까지는 8km 이상 걸어가야 한다.

그리고 반드시 형산강을 건너야만 했다. 당시 형산강에 다리가 없었다. 그냥 나무다리가 놓여 있었다. 비가 많이 오면 나무다리는 물결에 떠내려갔다. 다음날 주민들은 나무다리를 세우곤 했다.

중학교 1학년 때였다. 학교에 갈 때는 빗줄기가 약하였는데 시간이 갈수록 빗줄기가 강해졌다. 온종일 엄청난 비가 내렸다. 형산강에는 물이 불어나서 사람들이 건널 수가 없게 되었다. 집으로 가려면 멀리 있는 큰 다리를 건너서 돌아가야만 했다. 하교하고 나니 물이 너무 많아서 집에 갈 수가 없었다. 나는 생각 없이 친구 집에서 잠을 자고 다음 날 학교를 마친 후에 집에 갔다.

엄마는 나를 보고 무척 반가워했다.

"살아 있었구나. 얼마나 염려를 했는지 모른다."라고 하시면서 나를 안아주었다.

그 시간도 잠시뿐이었다. 잠시 후에 화를 내면서 이렇게 말했다.

"친구 집에서 자고 오면 그렇다고 말을 하지, 소식도 없이 안 와서 엄마가 얼마나 걱정했는지 아느냐. 밤새도록 너를 기다렸잖아."라고 혼을 내기 시작했다.

야단을 심하게 듣고 나니 나도 화가 나서 이렇게 말했다.

"누구에게 연락을 해! 전화도 없는데! 강물은 불어나서 올 수가 없었는데…. 엄마, 언제부터 나를 그렇게 걱정했어? 나는 집에서 없어도 되는 사람이잖아!"

엄마는 이렇게 말했다.
"이 놈의 새끼, 어디 뚫린 입이라고 나오는 대로 말하고 있어? 너는 맞아도 싸다!" 하면서 더 때렸다.
나는 맞기 싫어서 도망을 다녔고 엄마는 따라오면서 나를 혼내기 시작했다.

이 사건을 보고 계시던 아버지는 화를 내시면서 이렇게 말했다.
"이놈의 자식이 엄마에게 말버릇이 왜 그 모양이야? 어디서 배웠어. 엄마가 어젯밤에 얼마나 너를 걱정했는지 알아? 나도 너를 대문 밖에서 얼마나 너를 기다렸는지 아느냐?"

나는 또다시 아버지에게 하지 말아야 할 말을 했다.
"아버지가 언제부터 나에게 관심을 가졌어요? 내가 죽든지 살든지 아버지는 관심이 없잖아요. 아버지가 무슨 자격으로 나를 야단쳐요?"
이렇게 말하며 아버지께 대들고 말았다.

아버지는 지게 작대기로 나를 때리기 시작했다. 나도 맞기 싫어서 옆에 있는 나뭇가지를 주어 들고서 아버지와 칼싸움을 하면서 멀리 도망을 쳤다.

 그때는 정말 내가 왜 그랬는지를 모르겠다.
 아마도 내 가슴에 내가 알지 못한 감정적 쓰레기들이 많았기 때문이 아닐까? 편애를 받는다는 생각 때문이었을까? 나이가 들어서 생각해보니 내가 너무 한심한 것 같다. 아버지, 어머니께 왜 그런 말을 했을까?
 '아버지, 어머니! 미안해요! 그래도 잘 키워줘서 고마워요. 이런 나를 기다려줘서 고맙습니다.'

 난 사실 엄마와 아버지가 나를 사랑하지 않는 줄 알았다. 나는 집에 없어도 되는 사람인 줄 알았다. 부모는 형과 동생만 사랑하는 줄 알았다. 어린 나이에 내가 느끼기로는 편애가 심했다고 느꼈다. 형을 좋아하고 나를 싫어했다는 편애를 하는 것 같다. 그래서인지 모르겠지만 난 존재감이 없는 사람으로 느껴졌다.

 지금 생각하니 참 어리석고 바보 같은 생각이었다. 하지만 그때는 그렇게 생각한 것 같다. 그래서인지는 모르겠지만 부모님이 야단을 치거나 혼을 내면 밖으로 많이 나돌아 다닌 것 같다. 집을 나가서 논두렁에서 잠을 자기도 했다. 실제로 나는 집에 없어도 되는 사람인 줄로 알고 살았다.

 이제 어른이 되어 아버지, 어머니의 사랑을 깨닫고 나니 정말 미안하다.

부모님이 나에게 한 말은 사랑해서 한 말인데, 아들 잘되라고 한 말이었는데 그 마음을 몰랐다. 나는 어리석게도 그 말의 뜻을 모르고 도리어 상처로 생각하고 있었으니 죄송할 따름이다.

그런데 이렇게 다 깨닫고 나니 내 아버지, 어머니는 돌아가시고 내 곁에 안 계신다. 사죄하고 용서를 받아야 하는데 내게는 기회가 없어졌다.

나는 다짐을 한다.
한마디의 말이라도 사람을 이롭게 하고 생기를 주는 말을 할 거야.
말로 상처 주는 사람은 되지 말아야겠다.

부모의 작은 말 한마디가 자녀의 가슴에 멍이 들 수 있음을 나는 깨닫기 시작했다.
아이들은 부모가 한 말을 문자 그대로 해석하고 있다는 것을….
부모의 말은 굉장한 영향력이 있다는 것을….
부모의 말은 엄청난 파괴력이 있다는 것을….

4. 아버지의 눈물

아버지가 눈물을 흘리는 것을 본 적이 있는가?
아버지는 힘들고 슬플 때는 어떻게 했을까?
아버지는 언제 눈물을 흘렸을까?
눈물을 흘리면서 어떤 생각을 하셨을까?
아버지도 울고 싶을 때가 많았을 텐데….

어느 날 TV를 보고 있는데 아버지에 대한 이야기가 나왔다.
사회자가 질문을 했습니다.
"아버지는 언제 눈물을 흘리세요?"

아버지는 이렇게 대답을 했다.
"매일 흘립니다. 하지만 남들이 보지 않을 때 흘립니다. 내가 눈물을 흘리는 것은 아무도 모릅니다. 가족들은 내가 강한 줄로만 생각하고 있습니다. 때로는 눈물이 나오지만 참을 때도 있습니다."

아버지는 힘들고 외롭고 지치고 울고 싶을 때 눈물을 흘리기보다는 삽과 괭이를 들고 논과 밭으로 나가서 일을 하신 것 같다. 집에 먹을 것을 많이 가져다주고, 아이들이 공부할 수 있도록 도와주는 것으로 사랑을 표현하신 것 같다.

내가 어릴 때는 아버지가 눈물을 흘리시는 모습을 보지 못했다. 세월이 흐른 후에 나도 아버지가 되고 보니 아버지의 눈물을 흘리는 모습이 기억이 났다. 이제야 그 눈물의 사랑이 나의 가슴에 깊이 새겨진다.

아버지의 첫 번째 눈물

나의 아버지는 일찍부터 천식이라는 병을 앓고 있었다. 천식이 심해져서 병원에 입원하게 되었다. 병원에서 간호를 하는데 어느 날 아버지가 이런 말씀을 하셨다.

"야야! 어제부터 내 입에서 기름 냄새가 난다. 기름 냄새 때문에 너무 힘이 든다."

의사 선생님을 만나면 이야기를 좀 해달라고 했다.

이 말씀을 하는 아버지의 눈에는 눈물이 고여 있었다.

나는 아버지 입에서 기름 냄새가 난다는 말을 듣는 순간 가슴에 미어지는 통증을 느꼈다. 그리고 내 눈에서는 눈물이 흘러내리기 시작했다. 나는 아버지가 하신 말씀이 어떤 의미인지 알고 있었기에 아무 말도 할 수가 없었다.

아버지는 경북 경주시 내남면에서도 가장 산골짜기에 있는 고사리라는 마을에서 우리를 공부시키기 위해 가진 것 없이 경주시에 있는 변두리로 이사를 오셨다. 이사는 왔지만 5남매를 키우기 위해서 이집 저집으로 다니며 일을 하기 시작했다. 초등학교 5학년 때 아버지는 빚을 얻어 다른 사람이 운영하던 정미소를 사들여 운영하기 시작했다. 정미소 기계를 돌리려면 반드시 기름을 주입해야만 했다.

원동기에 기름을 넣기 위해 드럼통으로 기름을 배달하였다. 그리고 드럼통에 있는 기름을 말 통으로 옮기려면 고무호스를 연결하고 입으로 기름을 당겨서 옮겨 담았다. 나도 간혹 했는데 정말 힘들었고 하기 싫었다. 왜냐하면, 입으로 기름이 들어오기 때문이었다. 물론 입 밖으로 토해내지만, 입에 남은 기름을 깔끔하게 지울 수 없기 때문이다. 아버지는 30년 이상을 반복하다 보니 기름이 목으로 넘어가게 된 것 같다. 미세하게 입안으로 들어간 기름이 폐에 쌓이게 되었던 것이었다. 조금씩 쌓인 기름이 나이 들고 몸이 아프니까 나타난 것 같았다.

그동안 내 삶에 바빠서 아버지의 살아온 날들을 잊고 있었다. 우리를 공부시키고 양육하기 위해 얼마나 수고하셨는지를 잊고 있었다. 아프신 아버지만 생각하고 있었다. 아픈 아버지의 간호를 위해 희생해야 하는 나의 입장만 생각하고 있었다.

아버지의 말을 듣고 나는 "아버지, 고생 많이 하셨습니다. 우리를 공부시키느라고 고생하였습니다. 고맙습니다. 아버지!"라고 말을 해야 했는데 차마 그 말을 못 했다. 그때 그 말을 했더라면 지금 가슴이 덜 아플 텐데….

나는 이렇게 다짐을 하며 살아간다.
"아버지! 아버지가 하신 '야야! 내 입에서 기름 냄새가 난다.'라는 말을 평생 동안 내 가슴에 새기며 살아가겠습니다. 아버지의 사랑으로 좀 더 배우고 성장하는 아들이 되겠습니다. 아버지의 사랑으로 좀 더 성숙한 사람이 되겠습니다. 아버지 고맙습니다."

아버지의 두 번째 눈물
아버지의 천식이 조금 호전되어 집으로 퇴원을 하게 되었다.
아버지를 모시고 집으로 가면서 노래를 불렀다. 아버지의 인생을 생각하면 조경환 작사, 이재호 작곡, 백년설 가수가 부른 노래 〈나그네의 설움〉이라는 노래였다.

오늘도 걷는다마는 정처 없는 이 발길
지나온 자국마다 눈물 고였다.
선창가 고동소리 옛 님이 그리워도
나그네 흐를 길은 한이 없어라.

이 노래를 부르면서 앞에 있는 거울로 아버지의 얼굴을 바라보았다. 아버지 눈에 눈물이 글썽거렸다. 난 그때 아버지의 얼굴을 잊을 수가 없다.

나는 이렇게 말했다.

"아버지! 많이 힘드셨지요. 일본 식민지에 탄생하셨고, 6·25 동란도 겪으시고, 한 많은 보릿고개를 살아오시면서 5남매 키우고 공부시키느라고 고생 많이 하셨지요."

이 말을 들은 아버지의 눈에는 소리 없이 눈물이 흘러내리기 시작했다.

강하게만 보이셨던 아버지,
자녀를 위해 고생만 하시던 아버지,
한 번도 자녀들에게 우시는 모습을 보이지 않으신 아버지
가족의 삼시 세끼를 해결하기 위해 바빴던 아버지
아파도 병원에 갈 생각도 못 하시고
자녀를 사랑하면서도 사랑한다는 말도 못 하시고
아내를 사랑하면서 따뜻한 말 한마디 못 하시고
평생을 살아오신 우리 아버지

그 아버지가 아들이 부르는 〈나그네의 설움〉이라는 노래에 눈물을 흘리고 있었다.

아버지의 세 번째 눈물

아버지는 2007년도 11월 말 즈음에 암 진단을 받으셨다.

여러 가지 검사를 한 후, 의사가 나를 불렀다. 의사는 나에게 "아버님이 간암 말기입니다."라고 했다. 다른 곳에서 전이가 되었는

데 어느 곳에서 시작되었는지는 정확하지 않고 현재 상태는 간암 말기라고 했다.

의사와 대화를 마친 나는 아버지에게 갔다.
아버지는 의사가 뭐라고 했는지 물으셨다.
나는 의사 선생님이 와서 직접 말씀을 하실 거라고 했다.

한참을 생각하시던 아버지는 나에게 이렇게 말했다.
"그거가?"
나는 이렇게 대답을 했다.
"예, 그거라고 하네요."

그때 마침 의사 선생님이 들어오셨다.
아버지는 의사 선생님께 "그거 맞지요?"
의사도 아버지에게 "그거 맞아요."라고 하시면서 조용히 나가셨다.
의사 선생님이 나가신 후에 아버지는 화를 내시면서 이렇게 말했다.
"내가 어떻게 살아왔는데, 내가 왜 이런 병에 걸려야 하는데?" 하면서 생전에 안 하시던 욕을 막 하기 시작했다.

시간이 조금 흐른 후에 아버지는 나에게 이렇게 말했다.
"열아! 오늘 밤은 나와 함께 병원에서 자고 가면 안 될까?"

나는 아버지에게 "아버지, 많이 무서우세요? 밤에 갑자기 어떤 일이 일어날까 봐서요?"

아버지는 "사실은 그래. 그것보다 너와 함께 시간을 보내고 싶고, 병원이지만 잠이라도 같이 자고 싶다."라고 말씀하셨다.

밤에 잠을 자는데 옆으로 누워계시던 아버지의 눈에는 눈물이 흐르기 시작하였고 흐느끼는 소리가 들렸다. 아버지의 흐느끼는 소리를 들으면 내 마음속에는 만감이 교차했다.

아버지의 고생한 삶을 알기 때문이었다.

아버지는 자녀들과 따뜻한 대화를 한번 나누지는 않으셨지만 나도 아버지가 되고, 가장으로 삶을 살아왔기에 아버지의 인생이 이해되었다.

나는 아버지 손을 잡고 이렇게 말했다.

"아버지, 고맙습니다. 아버지 고생 많이 하셨어요. 아버지의 은혜로 자녀들이 잘 컸지 않았습니까? 그리고 아버지 미안합니다. 아버지의 마음을 모르고 속만 썩이는 아들이라 미안합니다."

아버지와 나는 손을 꼭 잡고 얼마나 울었는지 모른다.

아버지는 그날 이렇게 말씀하셨다.

"잘 커 줘서 고맙다."

"내가 너에게 해준 것이 없는데 잘 커 줘서 고맙다."

이 시대를 살아가는 아버지들을 떠올려본다.

아버지가 돌아가신 분들도 많을 것이고, 살아계신다 할지라도 70대 이상이 되셨을 것이고, 온갖 육체적인 질병을 갖고 살고 계실 우리 아버지들. 일본 식민지 시대에 탄생하여 민족의 온갖 어려움을 겪으신 아버지, 한 많은 보릿고개를 겪으신 우리의 아버지 어머니, 살만하니까 온갖 질병으로 고생하시는 이 땅의 우리 아버지들께 전하고 싶은 마음이 있다.

고맙습니다.
감사합니다.
고생 많았습니다.
미안합니다.
존경합니다.

어느덧 나도 아버지가 되었다.

내가 흘린 눈물은 아무도 모른다. 내가 흘린 눈물 대부분은 가정을 걱정하는 눈물이었고 자녀들을 생각하면서 흘린 눈물들이다.

나는 육체적으로 아픔이 많았다. 몸이 아플 때마다 나는 걱정을 했다. 내가 아프면 아이들 교육은 어떻게 시킬까? 온통 아이들을 위한 걱정이었다. 아내의 앞날은 어떻게 하나? 늘 이런 생각들을 생각했다.

내가 벌지 않으면 애들 교육은 어떻게 하지? 라는 생각에 잠을 이루지 못할 때도 많았다.

37살이 되던 해에 치유 상담이라는 학문을 만나면서 이것은 내가 가야 할 길이라는 확신을 하고 도전을 했다. 안정적인 부목사라는 사역을 내려놓고 교육 목사라는 옷을 입고 새로운 도전을 위해 공부하기 시작했다. 전문대학과 4년제 대학을 다시 시작하였다. 그리고 대학원을 마지막 학기를 공부할 때에 갑자기 실직되었다. 교회에서는 상담 목사라는 명함은 주셨는데 월급이 없었다.

나는 대학원 공부를 마치면서 하늘을 쳐다보며 이렇게 말했다.
"하나님! 나를 실직자 만들려고 이렇게 공부를 하게 하셨습니까? 제가 실직자가 되면 중·고등학교를 다니는 아이들은 어떻게 교육을 해야 합니까?"

이때 하나님이 나에게 말씀하셨습니다.
"아들아! 내가 너를 공부하게 하였다. 아무것도 걱정하지 말라. 너의 자녀들도 내가 책임지고 인도하리라."
하나님의 음성을 듣는 순간에 내 눈에서는 뜨거운 눈물이 흘러내리기 시작했다.

나는 생각했다.
나의 아버지도 하늘을 쳐다보면서 눈물을 흘릴 때가 많았을 것이다. 5남매를 교육을 시키고 결혼을 시키기 위해 얼마나 땀 흘리고 일을 했을까? 얼마나 걱정하고 고민했을까? 힘든 부분을 누구에게 말도 하지 못하고 혼자 가슴으로 삼키셨구나. 아버지의 눈물은 대부분 가장이라는 책임감 때문에 흘린 눈물이라는 생각이 든다.

난 청춘대학이나 어른들이 모인 곳에 강의를 가면 꼭 이 말을 한다.
"어르신네들! 정말 산다고 고생 많이 하셨습니다. 어르신네들이 살아온 날들을 자녀들에게 꼭 들려주시기 바랍니다."

이렇게 말하면 청춘대학 어른들은 이렇게 말합니다.
"애들이 우리말을 듣기 싫어해요. 잔소리한다고 싫어해요."

나는 이렇게 말한다.
"아버지! 어머니! 우리는 충분히 주장할 자격이 있습니다."
"지금 와서 생각해보니 자녀들에게 조금 미안한 부분도 있지만 그때는 최선을 다했습니다. 여러분의 아버지는 조선 시대에 탄생하신 분들입니다. 아버지와 어머니는 일제 강점기에 태어나셨습니다. 그리고 어린 나이에 6·25 동란을 경험하셨습니다. 60년대에 한 많은 보릿고개를 경험하신 분들입니다. 삼시 세끼를 감당하기도 힘든 시기에 살았습니다. 식탁에 함께 앉아 다정다감하게 대화를 나누는 것은 배부른 소립니다. 할아버지의 영향으로 자녀들에게 엄한 모습을 자주 보여주었습니다. 먹고 살기 위해서 독일에 광부로, 간호사로 파송을 가고, 월남 전쟁에 파견된 시대에 살았습니다. 우리의 아버지도 자녀들과 많은 대화를 하고 싶었을 것입니다. 하지만 대화하는 법을 몰랐습니다. 아버지가 젊었을 때는 삼시 세끼를 책임지고 자녀를 교육하기 위해서 감정은 묻어두고 오직 육체적인 노동에 자신의 인생을 투자해야 했습니다. 한 많은 세월을 사신 분들입니다. 한국 민주화와 경제 부흥에 청춘을 희생하신 분들입니다. 죽을 만큼 최선을 다하여 자녀를 양육했습니다. 이제 잘못된 죄책감을 느끼지 말고 당당하게 주장하세요."

왜 살아온 날들을 들려주어야 하는가?
부모님이 살아온 날들을 들려주는 것이 자녀들에게 줄 수 있는 또 하나의 큰 선물이라는 것은 명심해야 한다. 특히 아버지들에게 부탁한다. 자녀들에게 아버지가 살아온 삶에 대해 반드시 들려주시기 바랍니다. 아버지의 살아온 날들 속에는 아버지의 숨겨진 사랑이 있습니다. 그 사랑을 자녀들이 알아야 한다.

자녀들은 어머니의 사랑은 잘 알고 있다. 하지만 아버지의 사랑을 알고 있는 자녀들은 그렇게 많지 않다. 그 이유는 무엇일까?
아버지의 사랑은 자상하게 표현된 것이 아니라 조금 거칠고 무뚝뚝하게 표현되기 때문이다. 때로는 술을 드시고 표현하기도 하고 전혀 표현하지 않기도 한다. 이러한 아버지의 사랑을 자녀들은 사랑으로 받아들이기보다는 상처로 남아 있을 가능성이 크다. 그러므로 아버지의 사랑은 상처 속에 숨어 있을 가능성이 크다. 그렇기 때문에 아버지의 어린 시절을 들려주는 것이 중요하다.

자녀들이 듣기 싫어하면 이렇게 해보자.
"아들아! 아버지 부탁을 들어줄 수 있느냐?"
아들이 들어줄 수 있다면 이렇게 말하라.
"아들아, 앞으로 1시간 동안 아버지가 너에게 하고 싶은 말이 있는데 경청하며 들어줄 수 있느냐? 나는 네가 꼭 들어주었으면 한다."
그리고 아버지가 살아온 날들을 말하라.

마지막에는 이렇게 마무리하라.
"어려운 환경에서도 잘 커 줘서 고맙다. 엄마, 아빠에게 태어나 줘서 고맙다. 네가 내 아들이고 딸이라는 것이 너무 행복하다. 너희들로 인해 엄마 아빠가 얼마나 행복했는지 모른단다. 너희들은 우리의 행복이란다."

자녀들은 부모의 사랑으로 탄생했다. 그리고 부모의 사랑에 상처 입고 사랑으로 성장한다. 부모가 돌아가셨다 할지라도 그 사랑은 영원하다. 부모의 그 사랑은 자녀들의 가슴에 영원한 스승으로 남아 있다. 그 사랑이 자녀를 위대하게 만들고 성장하게 한다. 큰 사람으로 변화시킨다.

5. 아버지의 사랑

아버지로부터 이런 말을 들은 자녀들은 정말 행복한 사람들이다.
"사랑한다. 아들아!"
"사랑한다. 공주야!"
"태어나줘서 고맙고 잘 커 줘서 정말 고맙다. 너희들이 아빠의 아들, 딸이라는 것이 너무 행복하단다."

이렇게 성장한 사람들은 정말 행복한 사람들이다.
아버지와 좋은 추억이 많은 사람들
아버지와 단둘만의 시간을 보낸 사람들
아버지와 놀이를 많이 한 사람들
아버지와 함께 인생을 나누는 사람들

이렇게 성장한 자녀들이 얼마나 있을까?
현재 젊은 아빠들 가운데는 혹시 있을지 모르겠지만 중년의 시대를 살아가는 필자가 살아온 세대에는 거의 불가능한 말이 아닐까 라는 생각이 든다.

어머니의 사랑은 많이 생각나고 기억이 나는데 아버지의 사랑은 그렇게 많이 생각이 나지 않는다. 그 이유는 무엇일까? 정말 아버지가 나를 사랑하지 않아서일까?

나는 나이가 들수록 아버지 생각이 많이 난다.

아버지의 사랑을 되새겨본다. 필자는 아버지의 사랑을 깨달을 때가 나이 마흔이 되었을 때였다. 그 이전까지는 두 아이의 아버지가 되어 자녀를 양육하면서도 아버지의 마음과 사랑을 알지를 못했다. 마흔이 되고 치유 상담을 공부하면서 아버지의 마음과 사랑을 느끼기 시작했다. 이전까지는 아버지의 사랑을 깨닫지 못하고 아버지라는 존재는 내 가슴에 상처로 남아 있었다. 아버지는 한없이 나를 사랑했지만 나는 아버지에 대한 원망을 많이 하고 있었다. 아버지의 사랑을 느끼더라도 부분적이었다.

치유 상담 공부를 한 후에야 아버지의 진정한 사랑에 대해 알게 된 것이다.

'이것이 아버지의 사랑이었구나. 아버지는 사랑을 이렇게 표현했구나. 이런 것이 아버지의 사랑 표현 방법이구나.'

뒤늦게 깨닫게 되었다.

아버지의 사랑을 발견한 나는 아버지를 찾아가서 많은 대화를 나누었다. 좀 더 일찍 아버지의 사랑 표현 방법을 알았더라면 더 행복했을 텐데 너무 아쉽다. 그렇지만 늦게라도 깨닫게 되어 아버지와 짧은 시간이지만 즐거운 시간을 함께할 수 있어서 감사했다.

필자의 나이 마흔여덟이 되던 해, 아버지는 하나님의 부름을 받았다.

나의 생애에 8년이란 세월이 너무 소중했다. 내가 가장 잘한 것이 8년이란 세월이었다. 8년이라는 세월 속에 아버지의 많은 세월을 들을 수 있었고 함께 하는 시간을 많이 보낼 수 있었다. 8년 동안 나는 아버지를 통해 할아버지의 삶을 전해 들었다. 그리고 아버지의 어린 시절과 내가 기억하고 있는 아버지에 대한 추억들을 떠올리면서 아버지께 질문을 많이 하고 이야기를 들어보았다. 또한, 나의 어린 시절에 대해서도 많이 전해 들었다.

아버지의 어린 시절과 자녀를 양육해 온 이야기를 듣고 나니 아버지가 그렇게 힘들게 살아오신 줄 차마 몰랐다. 듣는 내내 나의 가슴에는 하염없이 눈물이 흘러내렸다.

내 아버지는 자녀를 사랑하는 방법을 잘 몰랐던 것 같다.
사랑을 표현하는 방법이 서툴렀던 같다.
사랑이라는 감정을 많이 억압해 두고 '사랑을 뭐 꼭 말로 표현을 해야만 하나?'라고 생각하는 것 같다. 기억을 떠올려 보니 아버지는 기분이 좋을 때 헛기침으로 표현하신 것 같다. 하지만 내 바람은 아버지가 말로 직접 표현해주는 사랑을 원했다. 그리고 인정과 칭찬 격려의 말을 듣고 싶어 했다. 그래서 나는 아버지가 나를 사랑하지 않는다고 오해하며 성장했던 것 같다. 나와 같은 자녀가 이 땅에 얼마나 많을까?

필자의 아버지는 평소에 말씀이 없으셨다.

자상한 말뿐만 아니라 아예 말이 별로 없었던 것 같다. 함께 식사하더라도 아버지는 식사가 끝나면 밖으로 나가기 바빴다. 함께 있는 시간은 서로에게 부담이 되는 것 같았다. 자녀들과 대화하는 것을 좋아하지 않는 것처럼 느껴졌다. 때로는 가만히 계시다가 화를 한 번씩 내곤 하셨다. 순간적으로 화를 내는 예측 불가능한 일이라 나에게 두려움이요 공포였다.

그런데 술을 드시고 오는 날은 달랐다.
그 날은 손에 무엇인가를 들고 잠들어 있는 자녀들을 깨우고 마음속에 있는 말을 하셨다. 어린 내가 듣기로는 그 말의 대부분은 이해가 되지 않았고 반복되는 말이 많았다. 형님은 모범생이라 아버지가 술에 취해서 하는 말을 잘 묵묵히 인내하면서 잘 들은 것 같다. 하지만 나는 짜증이 나서 이렇게 말했다.

"아버지! 하실 말씀이 있으면 맨정신으로 하시지 왜 술을 드시고 하십니까? 술을 드시고 말을 하더라고 일찍 하시지, 왜 밤늦게 오셔서 하십니까? 정말 짜증이 납니다."라고 말하면서 방문 확 열고 밖으로 뛰쳐나가는 일들이 자주 있었다.
그때마다 아버지는 "저놈이! 버릇없이 아버지가 이야기하는데…."라고 말씀하셨다.

치유 상담을 공부하면서 난 시간이 날 때마다 아버지에게 가서 궁금한 것을 질문하기 시작했다.

아버지에게 이렇게 질문을 했다.

"아버지! 왜 술을 드시면 밤에 자는 아이들을 깨워서 말씀하셨습니까? 그때 짜증을 많이 내고 반항을 해서 죄송해요."

그때 아버지는 이렇게 말씀하셨다.

"나도 어릴 때 아버지의 사랑을 원했지만 받지 못했어. 너도 알다시피 할아버지는 술을 많이 드셨다. 할아버지도 술을 드시고 오면 자는 나를 깨워서 말을 하곤 하셨지. 나도 죽을 만큼 싫었지만 어쩔 수 없이 다 들었다. 그런데 어느 순간 돌아보니 내가 네 할아버지를 닮았더구나."

나는 다시 질문했다.

"아버지도 힘들었다면 술을 안 드시고 말씀하실 수도 있었지 않았습니까?"

아버지는 이렇게 말씀하셨다.

"마음은 그렇게 하고 싶었는데 그게 잘 안 되더라. 맨정신으로 자녀들과 대화한다는 것이 쉽지 않더라. 너희들과 대화는 하고 싶은데 어떻게 대화를 해야 할지도 모르겠고 어색하기도 했지. 그런데 술이 한잔 두잔 들어가게 되니 내 속에 있는 감정이 표현되기 시작하더구나. 나도 정말 너희들을 사랑했단다. 함께 여행도 가고 싶고 맛있는 음식도 먹고 싶고 따뜻한 말도 해주고 싶었단다. 그런데 마음은 원이었는데 잘되지 않더라. 미안하다, 아들아!"

나는 아버지의 말을 들으면서 많은 것을 생각했다.
'아버지도 매우 외로우셨구나. 힘든 인생을 사셨구나. 자녀들에게 사랑을 표현하고 대화를 하고 싶은 마음은 가득했는데 표현을 하지 못했구나. 아버지도 아버지로부터 다정다감하게 대화하는 법을 배우지 못하셨기에 우리에게도 다정한 대화는 불가능하였구나. 세월이 가면서 아버지도 자녀와 대화를 하고 싶었던 것 같았다. 그리고 술을 드시면 감정이 나오기 시작하였고 자녀들과 대화를 하고 싶으셨던 것 같았다. 그런데 나는 그러한 아버지의 마음도 모르고 철없는 행동을 했구나.'

필자는 많은 곳에서 강의하면서 "부모님의 사랑을 알아야 우리의 삶이 풍성해집니다."라고 외친다.

필자는 술을 드시고 오면 잔소리하시던 아버지가 그립다.
그때, 이것이 아버지의 사랑 표현 방법이라는 것을 알았더라면 얼마나 좋았을까?
그랬더라면 모진 말을 하지 않았을 것이다.
만약 그랬더라면 아버지 사랑이 좀 더 빨리 내 가슴에 스며들었을 것이다.
'아버지 사랑을 빨리 깨달았으면 내 인생도 많이 변했을 텐데….'라는 생각을 해 본다.

아버지가 너무 싫고 무서워요. 그리고 불쌍해요.

비가 오는 어느 날 저녁이었다. 한 여고생이 우산도 없이 비를 맞으면서 나를 찾아와서 한 말이었다.

벨을 누르면서 조심스럽게 이렇게 말을 했다.
"목사님! 시간이 되시면 잠깐 시간을 내어줄 수 있습니까?"

나는 "무슨 일이냐?"라고 물어보았다.
여고생은 이렇게 대답을 했다.
"저는 다른 교회에 다니는 고등학교 3학년 학생입니다. 수능이 다가오는데 공부할 수가 없어요. 목사님! 너무 속상해서 살 수가 없어요. 가출을 하려고 몇 번이나 생각하다가 목사님을 만나본 후에 결정하고 싶어 찾아왔어요."

나는 힘든 일이 무엇이냐고 물으니 그 여고생은 이렇게 말했다.
"공부해야 하는데 아버지가 늘 술을 드시고 옵니다. 술을 드시고 오는 것까지는 좋은데 술을 드시고 오면 공부 하는 저에게 와서 잔소리하십니다. 하시는 말은 다 맞는 말입니다. 나를 위해서 하는 말입니다. 그런데 화가 납니다. 짜증이 납니다. 수능이 얼마 남지 않았는데 불안합니다. 했던 말 또 하고 또 하십니다. 뛰쳐나가고 싶은데 아버지가 불쌍해서 차마 그렇게 못하겠습니다. 어떻게 하면 좋겠습니까?"

나는 여고생의 이야기를 듣는 동안 나의 아버지 생각과 나의 못난 모습도 많이 떠올라 이렇게 말해주었습니다.

"그것이 바로 아버지의 사랑이야. 술을 드시고 와서 너에게 표현하는 행동이 아버지의 진정한 사랑의 표현이야. 학생의 아버지는 자녀에게 사랑을 표현하는 방법을 배우질 못해서 마음과 행동이 다르게 나타나고 있을 뿐이야. 술을 드시면 너를 향한 마음이 표현되고 있다는 거야. 조금 힘들 수는 있겠지만 일주일에 한 번씩이라도 아버지에게 감사와 고마움의 문자를 먼저 보내보는 것이 어떨까?"

몇 년이 흐른 후에 한 통의 전화를 받았다.

"목사님! 저를 기억하실지 모르겠습니다. 5년 전에 비가 오는 어느 날 목사님을 찾아가 상담을 한 학생입니다."

학생이 이렇게 말했다.

"목사님! 고맙습니다. 일찍 찾아뵙고 감사의 말을 드려야 하는데 이제 전합니다. 그 이후로 아버지와의 관계가 많이 회복되어 너무 행복합니다. 저는 아버지에게 감사의 문자를 보냈습니다. 그때부터 아버지가 달라지기 시작했습니다. 아버지가 제가 보낸 문자를 지금까지 지우지 않고 간직하고 있는 것을 보고 감동을 하였습니다. 이제 대학을 졸업하여 직장 생활을 하고 있습니다."

중년의 시대를 살아가는 아버지들에게 권한다.

아버지인 당신이 먼저 당신의 아버지와 화해하고 아버지를 마음으로 만나라.

진정으로 아버지를 사랑한다면, 아버지의 사랑을 재조명해 보고 싶다면 아버지의 어린 시절을 반드시 들어보길 바란다.

아버지의 사랑을 깨닫는 것이 당신의 인생을 바꾸는 계기가 될 것이다.

아버지의 사랑은 당신의 미래와 밀접한 관계가 있다.

아버지의 사랑은 당신의 정체성을 새롭게 정립하는 기초가 될 것이다.

아버지의 사랑은 당신의 자존감을 건강하게 하는 에너지가 될 것이다.

함께 나누기

1. 당신이 자녀를 양육하면서 경제적인 고민이 있는가? 있다면 한번 생각해보자. 그리고 경제적인 고민이 있을 때 당신은 어떻게 대처를 하는가?

2. 아버지의 외로운 모습을 본 적이 있는가? 있다면 언제인가? 그때 당신의 마음은 어떠하였는가? 당신도 아버지가 되었다. 아버지로서 언제 외로움을 많이 느끼는가? 외로움을 느낄 때 어떻게 해결을 하는가?

3. 당신은 성장하면서 아버지의 눈물을 흘리는 것을 본 적이 있는가? 있다면 언제였는가? 그때 당신은 어떤 생각이 들었는가? 이제 당신도 아버지가 되었다. 아버지로서 눈물을 흘린 적이 있는가? 그랬다면 왜 눈물을 흘렸는가?

4. 당신의 아버지는 사랑을 많이 표현하셨는가? 표현한 사랑을 한번 나누어보자. 당신도 아버지가 되었다. 자녀들에게 사랑을 어떻게 표현을 하고 있는가? 자녀는 당신이 베푼 사랑을 어떻게 받아들이고 있다고 생각하는가?

5. 당신이 어릴 때 생각했던 이상적인 아버지는 어떤 분이었는가? 당신의 자녀들이 생각하는 이상적인 아버지상은 어떤 것일까?

6. 내가 생각하는 아버지의 모습이나 삶을 한 마디로 표현한다면 어떻게 표현할 것인가? 그렇게 표현을 한 이유는 무엇이라고 생각하는가?

- 10대에 나의 아버지

- 20대에 나의 아버지

- 30대에 나의 아버지

- 40대에 나의 아버지

- 50대에 나의 아버지

7. 아버지가 베푼 사랑과 내가 느낀 사랑에 대하여 함께 나누어 보자.
   - 10대 이전에 받은 아버지 사랑과 나의 느낌

   - 10대에 받은 아버지 사랑과 나의 느낌

   - 20대 이전에 받은 아버지 사랑과 나의 느낌

   - 30대 이전에 받은 아버지 사랑과 나의 느낌

   - 40대 이전에 받은 아버지 사랑과 나의 느낌

   - 50대 이전에 받은 아버지 사랑과 나의 느낌

3장 고맙습니다. 아버지!

1. "네 잘못이 아니야!"라고 말해줘서 고맙습니다

치유 상담을 공부하면서 아버지와의 많은 부분이 회복되고 있었다. 그런데 이상하게 아버지가 병원에 입원해 계시는 동안 간호를 하면서 나도 모르게 화가 치밀어 오르는 것을 느꼈다. 나는 그동안 아버지 때문에 우리 집안 식구들이 힘들었고, 어머니가 힘든 삶을 사시다가 일찍 병에 걸리신 것도 다 아버지 탓이라고 생각했다. 그래서 아버지가 무척 싫었다. 의무적으로 찾아뵙기는 했지만 늘 마음은 힘들었다.

이 모든 일이 아버지 때문에 생겨난 일이고 그 때문에 힘들어졌다고 생각했기 때문이었다.

그러던 어느 날, 찰스 셀이 쓴 책 『아직도 아물지 않는 마음의 상처』라는 책을 읽는 중에 눈에 확 들어오는 글귀가 있었다.

> 누구 때문에 화가 났다고 말하지 말라. 그러면 모든 책임을 남에게 돌리는 것이다. 이렇게 생각하라. '나는 당신에게 화가 났다.' 화를 내고 안내고는 당신이 선택을 해야 하고 당신의 몫이라고 했다.

난 순간적으로 누군가에게 화가 나는 것이 상대방의 행동 때문이 아니라 내가 선택할 수 있음에 대하여 충격을 받았다. 화를 내든지 아니면 참고 살든지, 이 모든 책임이 나에게 있다는 사실에 놀랐다.

나는 새로운 선택을 하기로 했다.
나는 '아버지 때문에 화가 났다.'라는 생각을 '나는 아버지에게 화가 났다.'라고 생각을 바꾸었다. 나는 아버지에게 화가 나기 때문에 화를 내든지, 아니면 참고 살던지 이를 선택하는 결정권을 내가 가지기로 했다. 내가 만약 20세 이전이라면 부모를 원망할 수 있고 환경을 탓할 수도 있겠지만 이미 성인이 되었다. 성인이 되었다는 것은 내가 스스로 감정을 책임질 존재가 되었다는 것을 의미한다.

이렇게 마음을 먹고 나니 아버지를 향한 내 마음이 달라졌다.
마음을 바로잡고 병원에 계시는 아버지를 찾아가서 이렇게 말했다.

"아버지, 못난 아들을 용서해주세요."
"전 아버지에게 늘 화가 나 있었어요."
"나는 아버지를 원망하며 살았어요."
"아버지 때문에 엄마가 힘들게 살았다고 생각했어요."
"아버지가 우리 집을 불행하게 만드는 원인이었다고 생각했어요."

"심지어 '아버지가 빨리 돌아가셨으면 좋겠다.'라는 생각까지 했어요."

"이렇게 생각한 이 못난 아들을 용서해 주세요."

그때 아버지는 고개를 흔들며 나의 손을 꼭 잡아주시며 이렇게 말했다.

"아들아, 네 잘못이 아니란다. 이 아비가 미안하다."라고 말씀해 주셨다.

아버지로부터 이 말을 들은 나는 한 없이 울었다.
미안하다고 말해준 아버지가 너무 고마웠다.
내 마음에 쌓여 있던 무거운 쓰레기들이 순식간에 씻겨 내려갔다.
이때의 기분이나 감정은 인간의 언어로는 표현이 불가능하다.

고개를 들어 아버지를 뵈니 아버지의 눈에서 눈물이 흐르고 있었다. 그렁그렁 맺힌 내 눈에서도 주르르 눈물이 흘러내렸다. 이 일이 있었던 후에 아버지와 나는 급속도로 편안한 관계가 되었다. 내 마음의 무거운 짐을 한꺼번에 내려놓은 것 같은 기분이었다.

이 일이 있었던 이후로부터 아버지와 함께 있는 시간이 너무 행복했었다.
가능하면 아버지를 찾아뵙고 많은 대화를 나누었고 아버지와의 스킨십은 아주 자연스러워졌다. 내 안에 있는 내면의 쓴 뿌리가 온전히 치유되는 기적도 맛보았다.

나는 그 이후 늘 이렇게 생각한다.
'아버지! 고맙습니다. 네 잘못이 아니라고 말해주셔서요. 아버지의 미안하다는 말 한마디가 나에게 생수가 되었어요. 그 말 한마디가 나를 지속해서 성숙시켜요. 감정을 관리하고 조절하는 능력이 생기네요. 천하를 얻는 것보다 더 큰 힘이 됩니다.'
나는 힘들 때마다 아버지가 하신 '네 잘못이 아니다.'라는 말씀을 되새기곤 한다.

필자는 부모들에게 강의할 때 이렇게 말한다.
"어르신들, 자녀들은 나이가 60이 되어도 영원히 여러분의 자녀입니다. 아버지, 어머니의 소원은 자녀가 잘 되는 것 아닙니까? 자녀는 아버지로부터 지지와 격려를 받아야 합니다. 자녀에게 때로는 미안하다는 말 한마디 해 줍시다. '사랑한다.'는 말도 좋지만 한 번쯤은 '미안하다. 그래도 잘 커 줘서 고맙다. 너는 아버지의 행복이며 기쁨이었다.'라고 말해 줍시다. 용기를 내어 오늘 당장 해 봅시다. 그러면 자녀의 가슴에 쌓여 있는 수많은 감정적 쓰레기들이 에너지로 변화될 것입니다."

2. 좋은 유산 물려주셔서 고맙습니다

아버지가 돌아가시기 몇 년 전이었다.
아버지와 함께 차를 타고 대구로 가는 길이었다.

나는 아버지에게 이런 말을 했다.
"아버지! 좋은 유산을 물려주셔서 정말 감사합니다. 아버지의 유산으로 아들이 너무 행복한 삶을 살아가고 있습니다. 아버지의 유산으로 두 아이 대학을 다 시키고 지금 당당하게 살아가고 있습니다. 고맙습니다."

아버지는 이렇게 말씀하셨다.
"내가 너를 공부시킨다고 고생을 많이 했다."

나는 아버지에게 이렇게 말했다.
"아버지! 공부를 시켜주셔서 감사합니다."

첫 번째 유산 : 내적인 상처, 마음의 상처

필자가 아버지에게 물려받은 유산은 '알코올과 도박 그리고 폭력'이었다. 그런 아버지 밑에서 성장하면서 내 마음에는 많은 상처가 생겼다. 마음의 상처를 극복하기 위해 공부를 하기 시작했다. 미친 듯이 공부했다. 새롭게 알게 되고 회복되는 나를 발견하면서 즐거웠다.

내가 이러한 가정에 탄생하게 된 비밀을 알게 되었다.

나를 나 되게 하려고 하나님은 알코올과 폭력이 있는 가정에 나를 태어나게 하셨다는 것을 알게 되었다. 이 가정에서 살아남기 위해 경험하고 극복한 모든 것을 쓰시기 위한 것임을 알게 되었다. 그래서인지는 모르겠지만 〈상처 입은 치유자〉라는 말이 무척 마음에 든다.

두 번째 유산 : 치유 상담 공부

필자는 37살에 정태기 교수님이 운영하는 크리스천 치유 상담 연구원이라는 곳을 통하여 치유 상담이라는 학문을 만나게 되었다. 치유 상담을 공부하면서 말로 표현할 수 없는 감동을 받았다. 너무 신비로웠다.

첫 강의를 들은 후에 나는 무릎을 치면서 이렇게 말했다.

"이것은 내 것이다. 이 학문에 나의 비밀이 있을 것 같다. 나의 미래가 숨겨져 있을 것 같다. 내가 이 가정에 태어난 비밀을 알 것 같다. 상처를 에너지로 승화시켜야 하겠다. 나의 내면이 치유를 받을 것 같다. 내 아픔을 치유 받을 것 같다. 이 공부를 제대로 해야 할 것 같다."

제대로 공부한다는 말은 일반대학과 대학원을 공부하겠다는 말이었다.

내가 영남신학대학을 다닐 때에는 문교부에서 학력인정이 되지 않았다. 그래서 난 매주 월요일마다 서울로 올라가서 치유 상담 과정을 공부하면서 전문대에 입학하고, 학사 편입을 거쳐, 대학원을 졸업하였다. 치유 상담 학문을 만난 것은 나의 인생에서 최고의 축복이다.

나는 아버지에게 이렇게 고백했다.
"아버지가 공부 시켜주셔서, 좋은 유산 물려주셔서 너무 감사합니다. 그 유산으로 자녀들 다 대학 공부 시키고 행복하게 살고 있습니다. 그리고 아버지의 유산으로 불가능해 보였던 대학원 공부도 하고요. 전국을 다니면서 사람 살리는 강의를 하고 있습니다. 아버지! 좋은 유산 물려주셔서 너무 감사합니다."

이러한 상처를 가지고 있었기 때문에 심리학을 공부하는 것이 재미있었다. 공부하면서 상처의 원인을 깨닫고 치유해 나가는 과정이 매우 행복했다.

상처의 원인은 대부분 아버지였다. 그런데 한편으로 상처 속에는 아버지가 주는 에너지가 있었다. 상처를 치유하다 보니 새로운 에너지가 나왔다. 그리고 내가 아버지에게 상처를 받았다고 생각하는 대부분의 일이 아버지 방식의 사랑 표현이었다는 것을 알게 되었다. 아버지는 자녀들에게 사랑을 표현하는 방법을 잘 몰랐고 표현이 서툴렀을 뿐이었다.

내면의 상처도 유산이지만 상처를 극복하기 위해서 공부를 한 것이 유산이었다. 치유 상담 공부를 하지 않았다면 그 상처는 고름으로 나의 삶에 흘러나왔을 것이다. 하지만 공부를 통하여 생수로 변화시킨 것이다. 상처를 극복하기 위해 공부를 하다 보니 상처 속에 나를 향한 하나님의 계획이 들어 있었다.

아버지가 물려준 유산은 대단하다. 하지만 대부분의 사람은 아버지의 유산을 인지하지 못한다. 그 이유는 아버지의 상처 속에 포장이 되어 있을 가능성이 크기 때문이다.

필자는 치유에 대해 강의를 하면서 이렇게 외친다.
"당신의 나이가 20세 전이라면 내면의 상처를 부모 탓으로 돌려도 좋다. 부모를 원망해도 좋다. 하지만 성인이 되었다면 부모나 환경을 원망하기보다는 고통의 의미를 찾아야 한다. 상처를 극복하여 새로운 미래를 열어야 한다. 상처 속에 감추어진 아버지의 마음을 알아야 하고, 상처의 비밀을 발견해야 한다. 상처를 통해 아버지의 사랑을 발견해야 한다."

팀장이 너무 무섭습니다. 치료 좀 해주세요.
대학원 박사 과정 중에 있는 한 젊은 청년이 상담소를 방문하여 나에게 한 말이었다.
"저는 대학원 박사과정을 하고 있습니다. 연구실에서 8명이 조를 이루어 연구를 하고 있습니다. 그런데 팀장이 너무 무서워서 연구실에 들어가기가 싫습니다."

나는 이렇게 물었다.
"팀장이 잘 못 해줍니까?"
그는 대답하기를 "팀장은 너무나 인간적이고 잘해 주십니다. 간혹 한 번씩 못마땅한 표정을 지으시는데 너무 부담되고 긴장되고 두렵습니다."

나는 그분에게 "아버지가 어떤 분이신가요?"라고 물었다.
"제 아버지는 완벽성이 있으시며 늘 질책을 하시고 칭찬에 인색하고 무섭습니다."라고 대답했다.

나는 다시 물었다.
"팀장과 아버지의 이미지와 닮은 점이 있습니까?"

그분은 한참을 생각한 후에 이렇게 말했다.
"닮은 점이 있는 것 같습니다. 눈빛, 표정, 억양이 닮은 것 같습니다."

나는 이렇게 말해주었다.
"지금 형제가 팀장을 두려워하는 것은 아버지에 대한 해결되지 못한 감정이 투사되어 나오는 것 같습니다. 이제 팀장을 볼 때마다 이렇게 생각해보세요. 팀장은 아버지가 아니다. 팀장은 '나와 같은 학생이고 나에게 잘 해준다. 아버지가 아니다.'라고 생각하면서 아버지에 대한 감정을 분리하여 생각하십시오. 팀장은 아버지가 아닙니다."

그리고 한 달 후에 전화가 왔다.
"목사님, 감사합니다. 팀장을 향한 두려움과 긴장이 없어졌습니다. 너무 행복합니다."라고 했다.

세 번째 유산 : 풍부한 유머 감각

부모가 나에게는 물려준 유산 중 하나는 풍부한 유머 감각이다.
기업체나 유치원을 비롯하여 다양한 곳에서 강사 섭외가 들어온다. 그때마다 담당자는 이렇게 말한다.
"목사님! 강의를 재미있게 해주시기 바랍니다."
그 말을 들을 때마다 나는 나에게 풍부한 유머 감각을 주신 부모님께 감사드린다.

나의 유머 감각을 부러워하는 사람들이 있다.
그들은 이렇게 질문합니다.
"목사님, 참 부럽습니다. 특히 목사님의 풍부한 유머 감각이 부럽습니다. 저도 그런 유머를 배울 수 있을까요? 어떻게 그렇게 적재적소에 맞는 유머가 나오는지요."

나는 이렇게 대답을 했다.

"나의 유머 감각은 고통 속에 피어난 꽃입니다."

이 말을 들은 선생님은 "그 말의 뜻이 무엇입니까?"라고 물었다.

나는 이렇게 대답을 했다.
"유머 감각은 화목한 가정에서 자란 자녀들에게도 형성되지만, 상처가 많은 가정환경에서 성장한 아이들에게서도 많이 발달을 합니다. 건강하지 않는 가정에서 성장한 자녀들 가운데 유머를 사용하는 진짜 이유는 고통스러운 감정을 피하기 위한 것입니다."

나는 어릴 때부터 부모님의 마음을 아프게 하면서 성장하였다. 사고도 많이 쳤고 동생들과도 많이 싸웠고 공부를 잘 못 했다. 어머니는 늘 옆집 아이와 비교를 하면서 '너는 왜 공부를 못하느냐.'라고 핀잔을 주었다. 나도 공부를 잘하고 싶었다. 그런데 마음처럼 잘되지 않았다. 공부를 잘 못 하면 부모의 말이라도 잘 들으면 되는데 나는 반항심리가 많아서인지 부모님의 말씀에 순종하기 싫었다.

그래서는 내가 취한 방법은 나에게 화를 내는 아버지와 어머니를 웃게 하려고 노력을 했다.
공부하라고 말하는 부모님의 무서운 얼굴에 웃음이 가득하게 하려고 노력을 했다.
나의 머릿속에는 나를 못마땅하게 여기고 있는 어머니를 어떻게 하면 웃게 만들 수 있을까?

　온통 그 생각으로 가득했다. 이러한 상황에서 발달한 것이 바로 유머였다.

　그래서 나는 어릴 때부터 상대방이 무슨 말을 하든지 때에 맞는 유머를 할 수 있었다. 나의 유머 감각은 고통 속에 피어난 꽃이라고 말하고 싶다. 하지만 이제는 부모가 나에게 물려준 유산이라고 모든 사람에게 선포하고 싶다.
　그렇게 얻어진 나의 유머 감각은 모든 사람을 즐겁게 하였고 강의를 아주 재미있게 하는 능력이 된 것이다.

3. "앞으로 뭐가 돼도 될 것 같다."라고 말해줘서 고맙습니다

필자는 어릴 때 아버지에게서 들은 긍정적인 메시지는 전무후무하다. 그 가운데 하나 기억나는 것이 한 가지가 있다.

내가 중학교 2학년 때로 기억이 된다.

어머니가 이웃집에 일을 도와주러 갔다가 자존심 상하는 말을 들은 것 같았다.

그래서 집에 돌아오셔서 엄마는 나에게 이런 말을 했다.

"이 놈의 새끼야! 옆집 아이는 공부를 잘하는데 너는 왜 못하느냐? 똑같이 밥을 처먹고 너는 왜 공부를 못하나?"

나도 화가 나서 이렇게 말했다.

"언제 나에게 관심이 있었어? 중학교도 안 보내 주려고 했잖아. 그리고 공부를 시켜 봤느냐고? 그 집 아이는 학원에도 다니고 부모가 관심을 많이 가져주잖아! 나에게는 늘 일만 시켜놓고 무슨 소리야!"

이 말을 들은 엄마는 더 화가 났는지 이렇게 말했다.

"말이나 할 줄 모르면 밉지나 않지. 저런 것이 어디서 나왔는지? 어유~ 내가 못 살아!"

나도 엄마의 말을 들으니 또 화가 나서 이렇게 말했다.

"그럼, 그 애를 낳지. 왜 나를 낳았을까? 공부 잘하고 말 잘 듣는 옆집 아이를 낳지. 누가 나를 낳아 달라고 했어? 엄마가 마음대로 낳아놓고 왜 그래. 공부 잘하는 옆집 아이를 낳지? 왜 나를 낳았어요?"

이 말을 들으신 엄마는 화를 내면서 나를 때리기 시작했다.
나도 억울했다. 공부 못 하는 것도 서러운데 옆집 아이하고 비교하니 더 화가 났다.

엄마는 하도 어이가 없어서 멍하니 하늘만 바라보고 있었다. 나도 너무 서럽고 화가 났다. 나는 엄마에게 모진 말을 하고 집 밖으로 뛰쳐나갔다.

울면서 집을 뛰쳐나가는 나를 향해 엄마는 이렇게 외쳤다.
"뭘 잘 했다고 울면서 집을 뛰쳐나가?"

이러한 모습을 바라만 보고 계시던 아버지가 나를 뒤 쫓아와서 나를 붙들고 "어머니에게 무슨 말버릇이 그래, 뚫린 입이라고 나오는 대로 말하는 것이 아니야, 아무리 화가 나도 할 말이 있고, 하지 말아야 할 말이 있는 거야."라고 하시면서 엄청 혼을 냈다.

그래도 나는 속이 상해서 아버지에게 이렇게 말했다.
"아버지 말씀이 다 맞아요. 내가 잘못한 것 알아요. 내가 그런 말을 하면 안 된다는 것도 알아요. 그래도 그 친구하고 비교당하는 것이 너무 싫어요. 오늘만 비교한 것이 아니라 심심하면 비교해서 말을 했어요. 그래서 화가 났던 겁니다. 그리고 내가 중학교 입학할 때 아버지가 뭐라고 말씀하시었는지 알아요? 너는 고등학교 갈 생각을 하지 말고 중학교만 졸업하고 울산에 있는 공장에 취직하여 돈을 벌어. 그러니 내가 공부할 맛이 있겠어요. 내 미래의 싹을 잘라 버리는 말을 하셨다고요."

아버지는 울분을 토하는 나의 말을 듣고 이렇게 말씀하셨다.
"너도 참 성질 더럽다. 네 잘되라고 하는 말이잖아. 공부 좀 열심히 하라고 한 말이잖아. 어떻게 엄마에게 왜 나를 낳았느냐고, 공부 잘하는 옆집 아이를 놓지, 라는 말을 할 수 있나. 이번에는 가볍게 넘어가지만 다음부터는 절대 그러지 마라."

그리고 나의 손을 꼭 잡으시고 이렇게 말했다.
"너는 앞으로 뭐가 되도 될 것 같다."

필자는 평생을 살아오면서 "앞으로 뭐가 되도 될 것 같다."라는 아버지의 말을 가슴에 새기며 살았다. 중요한 순간마다 아버지가 하신 네가 뭐가 되도 될 것 같다는 말이 자연스럽게 떠올랐다.

아버지 말의 능력일까?
하나님의 은혜일까?

거짓말처럼 무엇인가 되어 있는 나의 모습을 발견하게 된다. 물론 비교원리에 들어가면 한없이 초라하고 부족하지만, 나의 성장 환경을 생각한다면 지금 나의 모습은 기적이라 말할 수 있다.

초등학교 성적표를 발급을 받아보니 80% 이상이 양과 가였다. 간혹 미가 있었다. 중학교 성적표를 발급받아보니 전교생 420명 가운데 완전 빗자루에 해당이 되었다. 고등학교 성적표를 조회해 보았다. 고3 때는 59/59등이었다.

가장 중요한 시기에 밑바닥에서 빗자루 역할을 했던 내가 전국을 다니면서 강의를 하는 것은 아버지의 말이 결정적인 원동력이 된 것이다.

아버지, 어머니에게 듣고 싶습니다
"잘 컸다. 내 새끼야!"

이 말은 내 나이 40세가 된 이후로부터 아버지와 엄마에게 꼭 듣고 싶은 말이다.
"잘 컸다. 내 새끼야! 그렇게 속을 썩이고, 공부도 지지리도 못한 놈이 뭐가 되도 되었구나. 잘 컸다. 내 새끼야. 많이 힘들었지? 부모가 가난해서 많이 해준 것도 없는데, 혼자 그렇게 비비면서 여기까지 왔구나. 잘 컸다. 내 새끼야!"

마흔 이전에는 내가 부모의 기쁨이 된 일은 별로 없었던 것 같았다. 성격도 지랄 같아서 모가 난 부분이 많았다. 공부도 지지리도 못 했다. 중학교 때부터 술을 얼마나 마셨는지 다음날 술이 덜 깨어 조퇴한 적도 있었다. 고등학교는 적응을 못 하여 자퇴서를 쓰기도 하였다. 그 자식이 끊임없이 공부하며 수많은 곳에서 강의를 하고 대학 강단까지 서게 되었다.

언젠가부터 아버지와 엄마에게서 꼭 듣고 싶은 말이 있었다.
세월이 갈수록 그 마음은 더 간절했다.
"잘 컸다. 내 새끼야!"
"그렇게 속을 썩이더니 이렇게 잘 크려고 그랬구나."
"고맙다. 내 새끼야!"

아버지는 직접 표현은 하지 않으셨지만 마음은 참 뿌듯하신 것 같았다.
그래서 나에게 간혹 굵고 짧게 이렇게 말했다.
"아들아! 고맙다."

엄마에게도 듣고 싶었다. 내 나이 30대 초반에 풍이 오셔서 쓰러지셨다. 그리고 세월이 흘러 내 나이 40대를 넘었을 때는 치매가 오래 진행이 되었다. 나는 엄마를 찾아갈 때마다 "내가 누구야?"라고 물었다. 치매가 오래 진행되지 않았을 때는 "열이 아이가, 내 아들 상열이 아이가, 내가 네 이름을 모를까 봐."라고 하시면서 웃었다.

나는 치매에 걸려서 누워계시는 엄마의 손을 잡고 이렇게 말했다.
"엄마! 내가 중학교 때, 왜 나를 낳았어, 공부 잘 하는 옆집 아이를 낳지 라고 말해서 미안해요. 용서해줘요."

엄마는 나의 손을 꼭 잡고 이렇게 말했다.
"네가 말을 하니까 생각이 나네, 엄마도 속이 상해서 한 말이었는데, 미안하다 아들아!" 이 말을 들은 엄마와 나는 손을 맞잡고 얼마나 울었는지 모른다.

세월이 흐를수록 엄마의 기억력은 약해지기 시작했다.
석사 학위를 갖고 엄마에게 갔다. 그리고 이렇게 말했다.
"잘 컸다. 내 새끼야! 라고 말 좀 해주라. 나는 엄마에게 꼭 이 말을 듣고 싶어."

엄마는 말없이 나를 쳐다보고 있었다. 그런데 엄마의 눈에는 눈물이 고여 있었다.
나는 엄마의 손을 잡고 내 머리 위에 얹었다. 그리고 나의 말을 따라 하라고 했다.
"내 아들 상열아! 잘 컸구나. 그렇게 속을 썩이더니 잘 컸구나. 내 새끼야!"
어머니는 나를 따라서 이렇게 말했다.
"잘 컸다. 내 새끼야!"

매번 어머니를 뵐 때마다 엄마의 손을 내 머리 위에 얹고 "내 아들 상열아! 잘 컸구나. 그렇게 속을 썩이더니 잘 컸구나. 내 새끼야?"라는 말을 따라 하라고 했다.

엄마는 내가 하는 대로 매번 해 주었다.

나는 엄마의 손을 꼭 잡고 이렇게 말했다.
"못난 아들 때문에 많이 힘들고 속상했지."
"엄마! 미안해."
"엄마! 고마워."
"엄마! 사랑해."

나의 눈에서 하염없이 눈물이 흘러나왔다.
어머니의 눈에도 눈물이 고이기 시작했다.

나는 엄마의 손을 꼭 잡고 하나님께 감사의 기도를 드렸다.
어머니의 사랑을 늦게나마 깨닫게 해주셔서 감사합니다.
어릴 때 받은 상처를 생명의 에너지를 바꾸어주셔서 감사합니다.

내가 엄마에게 듣고 싶었던 말이어서인지는 모르겠지만 나의 사랑하는 딸과 아들에게는 늘 이렇게 말한다.
"태어나줘서 고맙다."
"잘 커 줘서 고맙다."
"아빠의 딸로, 아들로 태어나줘서 고맙다."

이 말이 아들과 딸에게 하는 말일 수도 있겠지만 엄마에게 듣고 싶은 말을 내가 나에게 하고 있다는 생각도 간혹 한다.

이 땅에 사는 모든 부모에게 권하고 싶다.
자녀들은 아무리 나이가 많아도 자녀다.
성인이 된 자녀라 할지라도 부모로부터 인정과 칭찬을 원한다.
자녀들이 어릴 때는 먹고 살기에 바빠서 칭찬을 못 했다면 이제라도 칭찬 한마디를 해보자.

부모의 칭찬 한마디는 자녀들의 미래를 바꿀 수 있다.
자녀들이 마흔이 되고 쉰이 되어도 부모의 한 마디는 핵폭탄보다 더 위대한 능력을 갖추고 있음을 잊지 말자.
자녀들은 생명 다하는 날까지 부모의 사랑으로 산다는 것을 기억하자.
설령 부모는 돌아가셨다고 할지라도 부모님이 한 말은 내 안에 내면 부모로 자리 잡고 있으며 영향력을 주고 있음을 기억하고 자녀에게 칭찬을 하자.

자녀들에게 부탁하고 싶은 말이 있다.
아무리 속상해도 부모의 마음을 아프게 하는 말을 하지 말자. 부모님이 하시는 상처 되는 말 속에도 내게 주시는 부모님의 사랑을 찾아내는 자녀들이 되라.
부모의 마음을 알아가는 자녀가 되자.

4. 어머니를 끝까지 책임져 주셔서 고맙습니다

내가 알기로는 아버지가 엄마에게 많이 소홀히 대했다고 생각한다. 하지만 어머니가 몸이 불편해지신 이후로 자녀들에게 무거운 짐을 지우지 않으려고 인내하시면서 아버지는 어머니의 대소변을 다 받으시며 책임지고 돌보셨다. 이런 모습을 보면서 나는 속으로 이렇게 생각했다.

'좀 더 젊을 때 사랑으로 따뜻하게 대하고 잘해주시지…. 그래도 끝까지 책임져 주셔서 고맙습니다.'

2008년 2월 24일 오후 2시경이었다.

병원에서 연락이 왔다. 아버지가 운명하실 것 같으니까 빨리 와서 임종을 지켜보라고 했다. 나는 예배를 빨리 마치고 병원으로 향하였다. 아버지는 호흡을 하고 계셨다. 아버지는 나를 기다린 것이 아니라 어머니를 기다리신 것이었다. 형님이 어머니를 모시고 계셨는데 아버지가 돌아가실 줄을 모르고 어머니를 대구에 두고 아버지에게 오신 것이었다. 아버지는 손짓으로, 들리지 않는 음성으로 메시지를 보내고 있었다. 옆에서 임종을 지켜보고 계시던 형수는 재빨리 어머니를 찾는 것임을 깨닫고 대구까지 가서 어머니를 모시고 왔다.

아버지는 어머니의 손을 꼭 잡으시고 하늘나라로 가셨다.
엄마에게 하실 말이 있는 것 같았는데, 입은 움직이고 있는데 들리지는 않았다. 어머니는 치매로 사람을 못 알아보는 상황이었음에도 아버지의 손을 꼭 잡고 있었다. 그리고 어머니의 눈에는 눈물이 흐르기 시작했다.

그리고 다섯 자녀를 바라보면서도 하실 말씀이 있는 것 같았다. 임종을 앞두고 형님이 아버지께 귓속말로 이렇게 말했다.
"아버지! 이제 우리 형제들 우애 있게 살게요. 그동안 수고하셨어요. 고맙습니다."

나는 아버지의 손을 잡고 귓속말로 이렇게 말했다.
"아버지, 고맙습니다. 못난 아들을 끝까지 사랑해주셔서 감사합니다. 그리고 네 잘못이 아니라고 말해주셔서 정말 고맙습니다."

올해는 아버지가 하나님의 부름을 받으신 지 10년이 되는 해이다. 나의 인생에 있어서 가장 잘 한 것이 있다면 아버지와의 화해였다. 아버지는 이미 돌아가셨지만, 나의 마음에는 내면의 아버지로 자리 잡고 있다. 만약에 아버지와 화해하는 시간을 만들지 못하고 아버지께서 돌아가셨다면 나의 삶은 어떻게 되었을까? 내면의 아버지와 화해를 하지 못한 상황은 생각만 해도 끔찍하다.

아버지로부터 용서를 받은 필자는 그 사랑으로 내 마음에 있는 쓴 뿌리를 온전히 치유할 수 있었다. 돌아가신 아버지이지만 나의 내면에는 영원한 사랑과 용서의 아버지로 영향을 주고 계시니 행복할 뿐이다.

 아버지의 사랑에 작은 보답이라도 하고 싶은데 아버지는 곁에 안 계신다.
 그래서 나는 오늘도 내면의 아버지와 대화를 한다.

 아버지! 그 사랑을 품고 사람을 사랑하고 이웃을 사랑하며 내가 성장하도록 하겠습니다.
 아버지! 그냥 고맙고 감사합니다.
 그 사랑! 너무 늦게 깨달아 울고 있습니다.
 그 사랑이 나를 행복하게 하고, 그 사랑이 나의 마음을 넉넉하게 합니다.
 그 사랑이 이제 나를 편안하게 합니다. 아버지, 고생 많이 하셨습니다.

함께 나누기

1. 부모는 자녀들에게 유산을 물려주는 분이다.
   ① 교육적 유산 ② 정서적 유산(자아상) ③ 신체적 유산
   ④ 도덕적인 유산 ⑤ 경제적 유산이다.
   당신의 아버지가 물려준 유산은 무엇인가? 구체적으로 생각해 보자.

2. 아버지의 좌우명이나 유언이 있다면? 왜 그러한 좌우명이나 유언을 남겼을까? 당신의 좌우명은 무엇인가?

3. 당신이 아버지와 어머니한테서 꼭 듣고 싶은 말이 있었다면 어떤 말인가?

4. 당신은 아버지로서 자녀들에게 어떤 말을 많이 하고 있는가?

5. 아버지와 관련되어 기억이 나는 사건이나 추억이 있다면 구체적으로 나누어보자. 긍정적이든 부정적이든 관계없다. 10년 단위로 아버지와의 관계를 생각해보자. 왜 그 사건과 추억이 떠오르는가에 대하여 함께 나누어보자.

- 10대 때 사건이나 추억

- 20대 때 사건이나 추억

- 30대 때 사건이나 추억

- 40대 때 사건이나 추억

- 50대 때 사건이나 추억

6. 나의 자녀들과 함께한 추억과 사랑은 무엇이었나요?
- 학령기전

- 초등학교

- 중학교

- 고등학교

- 대학교

- 직장 생활

7. 아버지에게 고마운 점 20가지 쓰고 나누기

아버지는 멋진 아빠가 되길 꿈꾼다.

존경받고 좋은 아빠가 되고 싶다.

친밀한 대화를 나누는 아빠가 되고 싶다.

하지만 마음처럼 쉽지만은 않다.

힘이 든다.

왜 그럴까?

존경받는 아빠가 되는데

조금이나마 도움이 되는 마음을 담았습니다.

2부

아버지가 된 나

4장 태아기의 아빠 역할

1. 엄마의 심장을 행복하게 뛰게 하라

지금까지 일반적으로 알려진 것은 태아 교육은 엄마만 하는 것으로 알고 있다. 실제로는 남편도 해야 한다. 임신한 아내의 마음을 편안하게 하고 행복하게 하는 것은 남편이기 때문이다. 임산부의 심장 소리는 아이의 미래를 결정할 만큼 중요하다. 임산부의 일정하고 상쾌하고 발랄한 심장 소리는 태아를 춤추게 한다. 엄마의 심장박동 소리는 천상의 음악 소리이다.

심장 소리가 일정하고 균형감 있게 뛰게 되면 태아는 이렇게 생각한다.
'나는 사랑받고 있구나. 나는 환영받고 있구나. 나는 원하는 사람이구나. 소중한 대접을 받고 있구나.'라고 생각한다. 태아에게 엄마가 행복하다는 것을 느낄 수 있도록 해주어야 한다. 이것이 남편이 하는 태아 교육의 핵심이다.

반대로 부부갈등이 있는 가정을 생각해보자. 엄마의 심장 소리가 불규칙적일 것이다. 태아는 긴장과 불안을 느끼게 되며 많은 스트레스를 받게 될 것이다.

'나는 환영받지 못하구나. 나는 거절을 당하고 있구나.'라는 감정을 갖게 된다. 그리고 나는 무엇인가를 해야 한다는 부담을 느끼게 된다. 고로 임산부의 심장박동 소리를 일정하게 뛰게 하는 것이 남편의 사명이다.

임신 중인 엄마의 심장 소리는 주변 환경에 영향을 많이 받는다. 다양한 환경이 있지만, 그 가운데 가장 큰 영향력은 '남편'이다. 남편과의 관계가 행복하면 아내의 마음은 평온하겠지만 부부 갈등이 지속된다면 스트레스를 받게 되고 분노와 짜증도 나게 될 것이다. 그러면서 심장박동 소리는 심하게 요동치게 될 것이다. 임산부의 심장 박동 소리는 남편과 절대적인 관계가 있다. 남편은 아내를 행복하게 해주는 것이 바로 태아 교육이다.

2. "원하고 기다리는 임신이야."라고 들려주라

"태중의 10개월이 태 밖에 10년보다 더 중요하다."라는 말이 있다. 이 말은 태아 교육의 중요성을 강조한 말이다.

임신에 대한 생각은 중요하다. 그 이유는 임신했을 때 아이를 향한 마음이 출생한 이후에 아이를 양육할 때 그대로 반영이 되기 때문이다. 원하고 기다리는 임신이거나 태중에서 아이를 귀중하게 생각하는 마음의 아이였으면 그 아이는 태어난 후에도 귀중한 존재로 양육을 받게 되는 것이다. 하지만 원치 않는 아이라면 탄생 이후에도 거절을 당할 가능성이 크다. 왜냐하면 태교를 어떻게 했느냐의 차이는 아이를 출산한 후에 아이를 어떻게 기르는가에 대한 느낌과 차이가 날 수 있다.

3. 부드럽고 따뜻한 목소리를 들려주라

태아는 청각이 제일 발달되어 있다. 태아는 주변에서 들려오는 소리에 많은 영향을 받게 된다. 주변의 소리가 따뜻하고 부드럽고 사랑이 가득한 소리라면 태아도 행복을 느끼며 호흡을 하겠지만 주변의 소리가 부정적이거나 탁한 소리라면 태아는 자신도 모르게 스트레스를 받게 될 것이다.

태아가 생각할 때 가장 좋은 음악 소리는 엄마의 사랑스러운 목소리이다. 임산부가 남편으로 인하여 속이 상한 나머지 짜증스러운 목소리를 낸다고 생각해보자. 아빠의 크고 두려운 목소리를 듣는다면 태아는 스트레스를 받고 탄생한 이후에도 특정한 음색에 대한 거부감이 자리 잡을 수 있다. 그래서 엄마들이 태교할 때 음악을 많이 듣는다. 태교 음악이 태아들에게 안정감과 행복감을 주기 때문이다.

가장 좋은 태교 음악은 엄마와 아빠가 행복하게 웃는 웃음소리이다. 엄마 아빠가 다정다감하게 대화를 하는 소리이다. 아빠가 엄마의 배에 손을 올려서 태아와 접촉을 하면서 사랑이 가득한 대화는 태아에게는 가장 좋은 음악 소리이며 리듬이다. 아빠의 웃음은 천사의 목소리가 된다.

태아는 귀가 제일 발달되어 있다. 엄마의 태중에서 어떤 말을 많이 듣느냐, 누구의 목소리를 많이 듣느냐는 중요하다. 태아의 기억 속에 모두 저장이 된다.

   돌고래의 초음파 소리가 태아 교육에 좋다.
   몇 년 전에 TV 뉴스에서 태아 교육에는 돌고래의 초음파 소리가 좋다는 내용이 방영되었다.
   프로그램 담당자가 돌고래의 초음파를 녹음하였다. 돌고래의 초음파를 녹음한 녹음기를 태중의 태아에게 들려주었다. 태아는 활짝 웃었다. 그리고 녹음기를 껐다. 태아는 웃지를 않고 가만히 있었다.
   이 실험을 좀 더 확장해 신생아에게도 실험을 했다. 신생아들이 있는 곳에 가서 돌고래의 초음파를 녹음한 것을 틀었다. 신생아들이 활짝 웃으면서 반응을 했다. 심지어 울고 있는 신생아에게도 틀어주었는데 울음을 멈추고 방긋이 웃었다.
   그리고 돌고래 초음파를 녹음한 것을 지나가는 강아지에게 틀어주었다. 강아지들은 한결같이 꼬리를 흔들며 긍정적 반응을 보였다.
   담당자가 이번에는 운동을 하며 지나가는 40대 아주머니에게 틀어주었다. 아무도 반응하지 않았다. 성인 아주머니에게 이 소리는 들리지 않았다는 것이다.
   다시 말하자면 태아와 신생아는 청각이 아주 발달되어 있다. 그러므로 남편 즉 아빠의 태아 교육은 아내와 다정스럽게 대화하는 것이며 태아 위에 손을 얹고 감미로운 목소리를 들려주는 것이다.

최악의 태아 교육은 부부 싸움이며 지속적인 갈등이다.

이때 임산부의 심장 소리는 불규칙적이며 예민해진다. 목소리는 자동으로 높아지고 화난 목소리와 짜증과 불안 등 다양한 감정이 언어로 표현이 된다. 또한, 태아는 엄마의 상한 감정을 고스란히 느끼게 될 것이다. 태아는 엄마가 느끼는 거부감, 분노, 두려움, 불만, 원망 등을 쉽게 내면화한다. 그리고 엄마가 남편에게 화를 내었지만 태아는 자신에게 화를 낸 것으로 생각할 가능성이 아주 크다.

부부의 행복한 삶이 자녀 양육에 핵심이다.

태아 때만 중요한 것이 아니라 평생이다. 자녀들은 매일 매일 아버지와 어머니가 행복하게 사는 모습을 보면서 자신의 행복한 삶의 꿈을 그려갈 것이다.

4. 임신 중인 아내를 절대 섭섭하게 하지 마라

아내도 처음 경험하는 임신이라 때로는 당황스러울 때가 있다. 남편은 임신한 아내를 섭섭하게 하지 말라. 아내가 원하는 것들을 가능하면 다 들어주라. 갑자기 먹고 싶은 것이 있다고 가정을 해 보자. 힘들지만 무조건 들어주라. 그럴 수 없는 상황이라면 함께 노력이라도 해야 한다.

임산부가 입덧이 심하거나 음식에 대해 까다로움이 있을 수 있다. 이것은 임산부가 그러는 것이 아니라 엄마 태 안에 있는 아이가 요구하는 것일 수도 있고 거절하는 것일 수도 있음을 알아야 한다.

한번 생각해보시라.
임신 중에 음식에 대한 까다로운 아이가 있다면 태어난 이후에 어떠한가?

아빠들이여! 밖에서 열심히 일하고 지쳐서 집에 올 경우도 있다. 하지만 아내를 섭섭하게 하거나 힘들게 하지 말라. 평생 가슴에 섭섭함으로 남아 있음을 알아야 한다.

5. 원치 않는 임신을 했다면 상한 마음을 치유하라

만약에 원치 않는 임신이거나, 때에 맞지 않는 임신이라면, 원치 않는 성별이라면, 미혼모의 임신이라면, 임신을 수치스럽게 생각했다면, 태중에서 엄마가 아이를 거절했다면, 임신이 무거운 짐이라고 생각했다면 태아 교육은 어떠할 것 같은가?

아이가 탄생한 이후에 엄마의 마음은 어떠할까?
자신의 삶이 힘들어질 때마다 아이에게 어떻게 대할까?
아이들이 자신을 화나게 하거나 말을 잘 듣지 않으면 어떻게 양육을 할까?

아내에게 이렇게 말하라.
"나는 원하고 기다리는 임신이었다. 함께 잘 양육해 보자. 내가 아빠로서 역할을 잘 감당할게."라고 하라.
한 번으로 끝나는 것이 아니라 지속적이고 반복적으로 해주라. 아내의 마음에 원하는 임신이라는 생각으로 변화가 일어날 때까지 하라.

아빠도 준비가 되지 않는 아내의 임신이라면 마음을 빨리 바꾸어야 한다.
왜 바꾸어야 하는가?
이유는 명백하다.

임신을 어떻게 받아들이느냐가 탄생 이후에 자녀를 대하는 태도를 결정하기 때문이다.

원치 않는 임신이라 할지라도 부부가 사랑의 힘을 모아 태아를 사랑하는 교육을 한다면 아이는 탄생 이후에 귀한 대우를 받고 사랑을 받으면 성장하게 될 것이다.

남편과 함께 하는 태아 교육은 태아를 대하는 태도를 결정하고 탄생한 이후에 자녀를 양육하는 마음이 달라진다.

6. 자녀들이 성장했다면 임신에 관한 이야기를 들려주라

당신의 자녀가 이미 성장했다면 임신했을 때로 돌아가서 이야기로 재구성해서 들려주라.

"당신은 임신하셨습니다."라는 말을 들었을 때 어떤 기분이었는가? 그 느낌을 재구성해서 들려주어야 한다. 부정적인 것은 빼고 가능하면 긍정적인 것으로 재구성해서 자주 들려주라.

딸을 무릎에 안고 이렇게 말해주었다.

"공주님! 엄마와 아빠가 결혼한지 10개월이 지나도 임신이 되지 않아서 걱정을 했단다. 그러던 중에 담임목사님을 찾아가서 기도를 받았단다. 새 생명이 잉태될 수 있도록 안수기도를 받았지. 안수 기도를 받은 후 몇 달 뒤에 엄마, 아빠는 병원에 갔단다. 그때 의사가 하는 말이 '축하드립니다. 임신입니다. 지금 8주차입니다. 조심해야 합니다. 아내의 마음을 편안하게, 행복하게 해주시기 바랍니다.' 공주야! '임신입니다.'라는 의사의 말은 천사의 목소리처럼 아름답고 상쾌하게 들렸단다. 그때가 가장 행복했단다. 공주야! 아빠의 딸로 태어나줘서 고마워. 사랑해. 너는 엄마와 아빠의 행복이란다."

아들에게도 이렇게 들려주었다.

"네가 엄마 뱃속에 잉태되기 2달 전에 아빠는 이런 생각을 무심코 하게 되었단다. 이번에는 하나님이 아들을 주실 것 같다는 생각이 들어서 감사의 기도를 드렸단다. 그런데 2달 후에 병원에 갔는데 네가 엄마 배 속에서 자라고 있었어. 아빠는 정말 행복했단다. 아들아! 태어나줘서 고마워. 사랑해, 엄마와 아빠는 너로 인해 아주 행복하단다."

한두 번 들려주고 끝난 것이 아니라 지속해서 들려주었다.

함께 나누기

1. 의사로부터 "임신입니다."라는 말을 들었을 때 기분은 어떠하였는가?

2. 아이를 임신했을 때 남편의 반응은 어떠했는가?

3. 임신을 하였을 때 태몽은 어떤 내용이었으며 누가 꾸었는가?

4. 임신했을 때 부부 관계는 어떠하였는가?

5. 태아에게 편지를 쓰세요. 편지를 쓸 때 느낌은 어떠하였는가? 만약에 태아가 아빠의 편지를 받았다면 답장을 쓴다면 어떻게 쓸까?

5장 영아기의 아빠 역할

태중에 있는 아이가 10개월이 되어 태 밖으로 나왔을 때 믿을만하고 안정감을 줄 수 있는 것이 절대적으로 필요하다. 아기는 태중에서 엄마의 심장 소리, 변함없는 온도, 양수라는 완벽한 보호막, 자동으로 음식을 섭취하고 배설하고 완벽한 친밀감을 누렸다. 그 태중의 안정감을 태어나서도 느낄 수 있도록 해 주어야 한다.

엄마와 연결된 탯줄을 자르는 순간 태안에서 누렸던 모든 것을 상실하게 된다. 그 상실감은 불안과 두려움으로 이어지게 된다. 이 때 신생아는 엄마의 복부에 안기게 된다. 엄마의 복부는 태중에서 경험한 모든 것을 느낄 수 있는 곳이다. 신생아는 절대적으로 엄마의 가슴에 안겨야 한다. 가슴을 상실한다는 것은 전부를 상실하는 것이 된다.

1. 아내에게 모유를 먹이게 하라

신생아가 엄마 품에 안겨 젖을 먹고 있는 것을 상상해보라. 엄마와 아이가 얼마나 행복할까? 요즘 젊은 엄마들은 무슨 이유인지 모르겠지만 아이에게 모유를 먹이기보다는 분유를 먹이려고 할 가능성이 크다.

아빠들에게 권하고 싶다. 아내가 아이들에게 반드시 모유를 먹일 수 있도록 사랑으로 보듬어 주었으면 한다.

왜 반드시 모유를 먹이는 것이 좋은가?

① 심리적 요인

모유를 먹기 위해 엄마의 가슴에 안길 때 태내에서 10개월 동안 들었고 느꼈던 심장 박동 소리를 들으면서 평안과 기쁨 그리고 안정감을 느끼게 된다. 엄마의 가슴은 단지 젖만 먹는 곳은 아니다. 엄마의 심장 소리를 들으면서 심리적 안정감을 느끼고 태중에서 느꼈던 행복을 다시 경험하게 되는 곳이다.

심장 소리와 함께 공급되는 모유는 신생아에게 안정감을 주기 때문이다.

신생아는 10개월 동안 늘 먹었던 모유를 엄마의 젖을 통하여 다시 경험하게 된다. 다시 경험하면서 '세상은 살만하구나.'라고 느끼면서 안정감이 형성되고 신뢰감이 형성된다.

요즘 젊은 엄마들은 아이들에게 분유를 많이 먹인다. 그 이유는 다양하겠지만 피치 못하여 분유를 먹인다 할지라도 반드시 엄마 가슴으로 안아서 먹였으면 한다. 그 이유는 아이는 우유를 먹으며 오는 기쁨도 있지만, 엄마의 가슴에서 심장 소리를 들으면서 느끼는 안정감과 행복은 더 크고 넓고 깊기 때문이다.

김포공항에서의 일이다.

신생아가 아주 큰 소리로 울고 있었다. 이때 옆에 있는 할아버지가 안아주었다. 아이는 더 크게 울었다. 조금 후에 할머니가 아이를 안고 흔들기 시작했다. 하지만 소용이 없었다. 남편이 아이를 안았다. 아이는 머리를 뒤로 제치면서 더 크게 울었다. 나는 속으로 생각했다.

'이럴 때 엄마가 안으면 울지 않을 텐데, 지금 아이가 우는 것은 환경에서 오는 두려움과 불안 때문에 엄마의 심장박동 소리를 들어야 그칠 것인데…'

시간이 얼마 지난 후에 화장실에서 한 여인이 급하게 달려 나와서 아이를 안았다. 아이의 엄마였다. 그런데 신기하게도 아이는 울음을 멈추고 방긋 웃으며 엄마와 눈을 맞추고 있었다.

② 과학적 요인

모유를 먹일 때 엄마의 몸에는 행복으로 이끄는 옥시토신이라는 호르몬이 많이 나오기 때문이다. 옥시토신이라는 호르몬은 사랑의 호르몬이며 행복을 주는 호르몬이다. 옥시토신 호르몬은 자궁 경부를 수축시켜 태아가 자궁 밖으로 잘 빠져나올 수 있도록 돕는 역할을 한다. 이 사랑의 호르몬이 엄마와 아이와의 유대관계를 강화해주고 행복하게 만들어준다.

옥시토신이라는 사랑의 호르몬이 언제 많이 생성되는가?
아이가 젖을 빨 때 엄마의 몸에서 많이 형성된다.

엄마는 옥시토신이라는 호르몬이 가져다주는 행복감으로 출산의 고통을 잊어버리고 둘째를 임신하게 된다. 아이가 엄마의 젖을 먹을 때 생성되는 사랑의 호르몬으로 인하여 자녀들을 대할 때 사랑의 눈으로, 그리고 자상한 마음으로 돌보고 배려하는 힘이 생긴다.

자녀들에게 화를 많이 내는 엄마를 보면 모유를 먹이지 않고 분유를 먹인 분들이 많다. 아이에게 모유를 먹일 때 분출되는 옥시토신의 행복을 모르기 때문에 아이가 때로는 귀찮게 느껴지기 때문이 아닐까 생각한다.

③ 신체적인 요인

엄마가 아기를 출산하게 되면 유방에서 처음 나오는 젖을 '초유'라고 한다. 초유는 출산 후 4~10일 동안 초유가 분비되는데 양은 적지만 신생아가 세상을 살아가는 데 꼭 필요한 영양성분과 평생을 살아가는 데 가장 필요한 면역 성분들이 함유되어 있다.

주변에서 잔병치레를 많이 하는 아이들의 부모에게 물어보았다.
"혹시 초유를 먹였습니까?"
"지금 혹시 모유를 먹고 있습니까?"
잔병치레에는 여러 가지 원인이 있을 수 있겠지만 초유와 모유를 먹지 않는 아이들은 잔병치레를 많이 한다는 연구 결과가 나와 있다. 부모들에게 권하고 싶다. 반드시 모유를 먹였으면 한다. 힘들다면 6개월이라도 먹였으면 한다.

2. 엄마가 아이들과 스킨십을 많이 하게 하라

신생아를 가슴에 안고 있는 손길을 한번 생각해보자.

손길을 통하여 완벽한 보호가 이루어진다. 태아는 양수라는 완벽한 보호막에서 행복을 누렸지만, 탯줄을 자르면서 아이는 배냇저고리에 자리 잡게 된다. 이때 불안과 두려움은 말로 표현하기 힘들 정도이다. 이러한 불안과 두려움을 몰아내는 것이 엄마의 손길이다. 신생아를 안고 있는 엄마의 손길은 완벽한 보호막이며 사랑의 호르몬이 나오는 곳이다.

스킨십은 신생아에게 최고의 사랑 표현이다.

사랑의 호르몬인 옥시토신이 많이 나올 때는 사랑하는 사람과 포옹을 비롯한 다양한 스킨십을 할 때이다. 어머니는 아기를 가슴에 안고 쓰다듬어 주며 토닥거려 줄 때, 살갗을 마찰시키며 어루만져 줄 때에 사랑의 호르몬을 가장 많이 생성시킨다. 스킨십은 엄마와 아이의 유대관계를 강화해주는 촉매제 역할을 한다. 중요한 것은 어머니가 일관성 있게, 지속해서 아기의 신체적·심리적 욕구나 필요를 적절히 충족시켜 주어야 한다. 이렇게 할 때 아기는 어머니라는 주된 양육자를 신뢰하게 된다.

스킨십은 타고난 정서적 친밀감을 나누기 위한 최고의 행동이다.

스킨십을 통하여 두려움과 불안 그리고 외로움을 극복하게 하며 사랑받고 있다는 정서적 안정감으로 신뢰감이 형성된다. 화려

한 말로 표현하는 사랑보다는 진심이 담겨 있는 스킨십의 언어는 더 아름답고 강렬하다.

옛말에 "엄마 손은 약손, 내 배는 똥배"라는 말처럼 스킨십의 언어는 신체적인 통증을 완화시켜준다. 신체적으로 아픈 부분에 자신의 손으로 꼭 눌러주면 통증이 완화됨을 느낀다. 엄마의 손이거나 사랑하는 사람의 손이라면 더 효과 있을 것이다.

3. 엄마와 아빠가 함께 웃는 웃음소리는 천사의 노래

탯줄의 위기 속에 불안을 느끼는 아이에게 참된 평안을 주는 것은 엄마의 목소리이다. 엄마 가슴에 안겨 심장 소리와 함께 듣는 엄마의 목소리는 천사의 노래이다. 그 독특한 음색은 아기의 심장에 새겨져 있어 어떤 소리와도 금방 구분된다.

엄마의 자장가 소리는 아이의 마음에 안정감과 행복을 가져다준다. 그 어떤 천사의 목소리보다 아름답다. 엄마의 감미로운 목소리는 아기를 달래준다. 아이의 얼굴에 미소를 띠게 한다. 엄마의 목소리는 마치 행복의 마법이 들어 있는 것 같다.

태아와 신생아는 청각이 제일 발달한다는 학문적 보고가 나와 있다. 가장 행복하게 하는 감미로운 목소리는 엄마와 아빠의 웃음이다. 아이를 보고 서로 미소를 지으며 스킨십을 하고 다정하게 속삭이는 목소리이다. 까꿍 하면서 자신을 표현하는 엄마의 목소리는 아이의 마음에 안정감을 가져다준다.

엄마와 아빠의 빙그레 웃는 얼굴을 생각해보라. 빙그레 웃는 미소는 사람의 마음을 편안하게 하고 행복하게 한다. 미소 중에 가장 아름다운 미소는 엄마와 아빠의 미소일 것이다. 신생아는 자신을 향하여 빙그레 웃는 얼굴로 미소 짓는 엄마를 보면서 나는 환영받고 있구나. 나는 잘 태어났구나 하는 마음을 갖게 될 것이다.

4. 아이의 요구에 적극적인 응답

신생아는 말을 할 수 없기에 자기 생각이나 욕구를 울음을 통하여 표현한다. 아이의 울음소리를 듣고 엄마가 적절하게 반응을 하게 되면 아이는 행복해한다. 울음소리를 듣고 아이가 무엇을 필요로 하는지를 알아차리고 적절하게 응답을 해주는 것이 중요하다. 아이가 배가 고파서 울음으로 신호를 보냈는데 엄마의 모유가 들어오고, 잠이 와서 울었는데 엄마가 잠을 잘 수 있도록 최선의 환경을 만들어주고, 두려워서 울었는데 안정감을 주었다고 가정을 해보자.

아이는 얼마나 행복하겠는가? 그리고 아이는 이렇게 생각한다. '내가 생각하는 대로 일이 이루어지는구나. 세상은 살만한 곳이구나. 나에게는 신비로운 힘이 있어 나는 나를 믿을 수가 있어. 나는 너를 믿을 수가 있어.'라는 전능의 환상과 신뢰감이 형성된다.

반대로 아이는 쉬를 하여서 기저귀를 갈아달라고 울음으로 신호를 보내는데 엄마가 배가 고파서 우는 줄 알고 젖을 준다면 아이는 어떻게 생각하겠는가? 내 마음을 알아주는 사람이 없다고 생각할 것이다. 그리고 양육자를 불신하게 될 것이다.

신생아는 주변 사람으로부터 반드시 환영을 받아야 한다. 부모는 긍정적으로 반응, 조건 없는 사랑, 까꿍 놀이 등을 비롯하여 엄마의 가슴, 심장 소리, 눈길, 손길, 미소, 목소리 그리고 엄마의 향기를 반드시 풍부하게 들어야 한다. 엄마의 가슴으로부터 경험하는 미각과 청각과 시각과 후각과 촉각 등은 아이의 건강한 정서와 신뢰감을 형성하는 데 가장 기본적인 요소이다. 태내에서 누렸던 안전함과 친밀함을 어머니 가슴에서 재경험하는 것이야말로 아이들에게 줄 수 있는 최고의 선물이다.

5. 일찍 퇴근하여 아내 곁에 있어 주어라

아내는 정서적인 사랑의 보살핌을 원한다. 신생아를 양육할 때는 어떤 사랑의 언어적인 표현보다는 행동으로 보여주는 것이 좋다. 가능하면 일찍 퇴근해서 아내 옆에 있어 주어라. 아내도 아이를 처음 양육하기 때문에 기쁨도 있지만 당황스러운 일이나 힘든 일들이 갑자기 발생하기도 한다. 남편이 자녀 양육에 큰 도움은 주지 못한다 할지라도 일찍 퇴근하여 옆에 함께 있어 주는 것만으로도 마음의 평안을 얻을 수 있다.

아내가 무슨 말을 하면 바로 해결책을 제시하지 말아야 한다. 결론만 말하고 용건만 간단히 하라고 하지 말고, 무조건 공감하면서 들어주라. 아내의 감정을 지지하고 다정하게 감싸주라. 남편의 따뜻한 말 한마디가 가져다주는 행복은 그 어느 때보다 크게 다가온다. 아내의 마음에 평안과 기쁨이 충만해야 아이들에게 좋은 에너지가 많이 가게 된다. 사랑을 표현하고 마음을 읽어주고 현재 감정을 공감해주는 역할이 필요하다.

아내의 일을 도와주라

아내는 온종일 집안일과 아이를 돌보는 일에 몸과 마음이 지쳐가기 시작한다. 때로는 친정과 시댁의 일이 겹쳐 더 힘들어할 수 있다. 이때 남편이 아이를 돌보는 일을 하거나 아내가 하는 집안일을 도와주면 아내는 한결 편안한 마음으로 아이와 함께 좋은 시간을 많이 보낼 수 있게 된다.

아내가 충분히 잠을 잘 수 있도록 도와주라.
신생아는 밤과 낮이 뒤바뀔 수 있다. 또한, 환경에 예민하게 반응하기 때문에 잠을 잘 못 잘 수 있다. 잠깐 자다가도 울기도 한다. 엄마는 아이의 울음소리에 적극적으로 반응을 해야 한다. 이때 남편이 조금 도와주면 아내는 충분히 잘 수 있다.

신생아를 양육하는데 참여하라
대부분의 아빠는 신생아를 돌보는데 머뭇거리는 경향이 있다. 그러지 말고 적극적으로 참여하여 다리를 펴주는 운동이나 까꿍놀이 등 다양한 방법으로 아이를 돌보고 관계를 맺으라.

필자에게는 남들이 모르는 비밀이 있다.
나는 신생아를 안지 못한다. 그 이유는 '혹시 아이가 울면 어떻게 하나, 아기가 나를 싫어하면 어떻게 하지?'라는 두려움 때문이다. 그래서인지 모르겠지만 아이 둘을 키우면서 신생아 때 아내를 많이 도와주지 못했다. 그리고 아이를 잘 안아 주지 않았던 것 같다. 안아주는 것이 어색한 부분도 있었다.

아내들은 남편이 육아에 참여할 수 있도록 기다려주고 조금 도와주었으면 한다.
남편이 신생아를 안는 모습이 조금 불안해도, 목욕을 시키는 방법이 마음에 들지 않더라도, 우유를 먹이는 방법이 서툴러도, 기저귀를 갈아주는 모습이 못마땅하게 보일지라도 남편을 믿고 기다려주라. 아니면 구체적으로 방법을 알려주거나 함께 하라.

어떤 이유이든 신생아 양육에 아빠가 함께하길 원할 때 소외시키는 일이 없었으면 한다. 또한, 남편이 알아서 양육에 참여해 줄 것이라는 생각을 하지 말고 적절하게 요청을 하라. 요청하는 것이 부담스러워 모든 것을 혼자 하게 되면 계속 혼자 해야 하는 비극이 일어날 수 있으며 또한 아빠의 양육 기회를 박탈하는 것이 된다.

6. TV나 스마트 폰을 가까이하지 않도록 도와주라

아이들이 TV를 보면 조용해진다. 특히 광고를 보면 더 조용하고 집중한다. 이때는 울지도 않는다. 많은 곳으로 움직이지 않고 열심히 TV를 본다. 그래서 엄마들 가운데 아이들을 TV 앞에 세우는 경우가 있다.

때로는 조기 교육을 위해서 어릴 때부터 영어 테이프를 반복적으로 틀어주는 경우가 있다. 아이는 머리가 좋아질 수는 있겠지만 감정을 느끼는데 문제가 발생할 수 있음으로 TV를 비롯하여 스마트 폰 등을 자제하는 것이 중요하다. 30개월 이전까지는 TV 앞에 너무 많은 시간을 노출하지 말라.

그 이유는 자폐증을 비롯하여 유사 자폐증의 원인이 될 수 있다. 특히 빠른 변화가 일어나는 광고 등은 특히 더 위험하다. TV 앞에 세우거나 휴대폰을 갖게 놀게 하기 보다는 엄마와 아빠의 밝고 행복한 목소리를 많이 들려주라. 엄마와 아빠를 통한 신체적 접촉을 많이 하라. 이보다 행복한 것은 없다.

신생아 때 엄마와의 관계에서 신뢰감이 형성되면

희망이라는 덕목이 생긴다.
주변 사람은 기본적으로 믿을 만하다. 나는 내가 될 수 있다. 나는 할 수 있다. 내가 필요로 하는 것들이 이 세상에 존재한다는 것을 믿을 수 있게 된다. 나는 희망이 있다. 나에게는 밝은 미래가 있다. 라는 마음으로 적극적이며 도전적인 마음이 형성된다.

신뢰감이 생긴다.

누군가를 온전히 믿을 수 있다는 것은 우리의 축복이다. 신생아 때 엄마와의 관계에서 신뢰감이 형성된 사람은 이렇게 고백한다. "나는 당신을 믿을 수 있습니다. 나는 나를 믿을 수 있다. 나는 나 자신으로 만족하고 나는 나의 필요를 채울 수 있다."

존재의 힘이 생긴다.

나는 존귀하다. 나는 필요한 사람이다. 나는 중요한 사람이다. 나는 환영받는 존재라는 존재감의 기초가 형성된다. 내가 무엇을 잘해야 만이 인정을 받고 존재감이 있는 것이 아니라 나의 존재 자체로 사랑받을 수 있고 존재하는 힘이 생긴다. 나는 다른 사람을 기쁘게 해야만 한다거나 사랑받기 위해서 조작적인 행동을 하지 않아도 된다. 존재의 힘이 생긴 사람은 자신의 삶을 건강하게 즐길 수 있는 지혜로움이 있다. 존재의 힘은 행복한 삶과 자아실현을 위한 가장 기본적 정서적인 감정이다.

7. 아이가 이미 성장을 했다면 탄생에 관계된 이야기를 많이 들려주라

탄생과 관련된 내용은 굉장한 파워가 있다. 드라마를 보면서도 늘 느낀다. 성인이 되었다 할지라도 자신의 탄생에 대한 비밀을 알았을 때의 충격은 대단하다. 가능하면 탄생과 관련된 이야기를 긍정적으로 재구성해서 들려주라.

필자는 두 아이를 초등학교 때까지 팔베개하여 들려준 이야기가 있다.

둘째에게 이렇게 들려주었다.
"어느 날 엄마 배가 불러왔단다. 그래서 아빠는 엄마와 함께 병원으로 갔단다. 입원을 시킨 후에 누나가 배가 고프다고 해서 잠시 집에 들러서 라면을 하나 끓여 먹고 병원으로 갔었지. 그런데 있잖아, 엄마 배 속에 있던 네가 태어난 것 있지? 이때가 아빠의 인생에서 최고의 날이었단다."

이 말을 들은 아들의 첫 마디는 이랬다.
"누나가 태어났을 때는?"

나는 이렇게 말했지.
"누나가 태어난 날은 아빠의 인생에 있어서 최고 행복한 날이었지."

이 일이 있었던 후부터 두 아이를 안고 늘 들려주었다.
어느 날 아들이 이렇게 말했다.
"아빠! 이제 내가 이야기를 할게요." 하면서 아빠가 한 말을 그대로 하였다.

함께 나누기

1. 당신의 아이와 첫눈이 마주쳤을 때 어떤 느낌이 들었는가? 그리고 아이에게 첫 번째로 한 말은 어떤 말이었는가?

2. 출산한 아내에게 당신이 첫 번째로 한 일과 한 말은 무엇인가?

3. 자녀들과 함께 신생아 때 찍은 사진을 보면서 추억의 여행을 떠나보자.

4. 아이가 신생아일 때 부부 관계는 어떠하였는가?

5. 신생아에게 편지를 써 보자. 편지를 쓸 때 어떤 느낌이었는가? 그리고 신생아가 아빠로부터 편지를 받고 답장을 쓴다면 어떻게 쓸까? 신생아 입장에서 답장을 써 보자.

6장 유아기의 아빠 역할

유아기 때는 의존적인 아이가 최초로 자기의 의지를 갖고 행동을 선택하고 결정하고자 하는 '자율성'이라는 힘이 생긴다. 주변에 대한 호기심이 많아진다. 신기한 것도 많고 만져 보고 싶은 것도 많고 갖고 싶은 것도 많다. 모험의 횟수가 많아지면서 엄마의 가슴을 자꾸 떠나려고 한다. 안전하고 평안을 주었던 엄마의 가슴을 떠나 신비롭고 궁금한 장소의 주변을 돌아다니게 된다.

자율성이 생기면서 아이는 부모의 말에 '내가 할게, 싫어, 안 해, 엄마 미워.'라고 토를 달기 시작한다. 또 비언어적으로 다양하게 엄마에게 반항하기 시작한다. 부모에게 반항하다가 거절을 당하기도 하고 상처를 입기도 한다. 하지만 자율성에 대한 욕구는 더 강해진다.

1. 엄마의 충실한 대용물이 되어주라

아이는 자율성이 생기면서 엄마와의 관계에서 심각한 변화를 경험하게 된다.

첫 번째 변화, 엄마의 심장 소리를 떠남

두 번째 변화, 무서운 엄마의 목소리를 경험

세 번째 변화, 아픔을 주는 엄마의 손길을 경험

네 번째 변화, 엄마가 못마땅하게 나를 바라보는 표정을 경험

다섯 번째 변화, 무서운 눈빛으로 째려보는 엄마의 눈길을 경험

이러한 변화는 신생아 때 경험했던 엄마의 가슴에서 이루어졌던 모든 행복은 영원히 다시 경험하지 못하게 한다. 그 대신에 엄마의 무서운 얼굴, 못마땅한 눈빛, 짜증과 화난 목소리, 매섭고 아픈 손맛을 지속해서 경험하게 된다.

아이는 엄마 품에 안기길 원하지만, 가슴을 떠나고 싶은 욕구도 강하다. 그래서 아이들에게는 엄마의 대용물이 필요하다. 대용물이란 엄마를 잠시라도 대신할 수 있는 것을 말한다. 대표적인 대용물이 곰 인형, 엄마의 스타킹, 엄마의 머리카락, 엄마의 허벅지 등 다양하다. 아이들은 얼마 동안은 엄마를 잊어버리고 대용물과 관계를 맺을 수 있지만 오래가지는 않는다. 일정한 시간이 지나면 필연적으로 엄마 품에 다시 안기려고 한다.

이 시기에 엄마를 대신할 가장 좋은 대상은 아빠다

아빠가 엄마에게 거절을 당해 마음이 상한 아이를 받아주고 함께 놀아준다면 아이는 더는 행복을 표현할 수 없을 것이다. 하지만 아무리 아빠가 잘 해줘도 엄마의 대용물일 뿐이다. 엄마의 관

계를 연결해주는 좋은 대용물의 사명을 잘 감당하면 된다.

엄마에게 거절을 당해 첫 번째 만나는 대용물인 아빠에게 다가 갔을 때 아빠의 반응은 다양하다.

아빠의 목소리가 더 크고 무섭다면 아이는 어떠할까?

아빠가 못마땅하다는 듯이 째려보는 눈빛을 보낸다면 아이는 어떠할까?

아빠의 손맛은 엄마보다 더 아프고, 아빠의 얼굴표정은 무뚝뚝하고 반응이 없다면 어떠할까?

다가가는 자신을 거절하거나 싫어한다면 아이의 마음은 어떠할까?

때로는 술을 드시고 와서 엄마에게 폭력을 쓰는 아빠가 있다면 아이는 어떠할까?

아빠가 거절하거나 나를 부끄러워한다면?

안 계시거나, 나에게 무관심한 아빠라면 아이는 어떠할까?

아빠가 눈을 마주치고 따뜻한 미소와 부드러운 목소리로 함께 놀아주었다면 어떠할까?

아빠에게 거절을 당했다면 아이는 어떤 행동을 할지 상상해보라.

첫 번째, 엄마와 재연합을 시도한다

엄마에게 거절을 당하여 아빠에게 갔는데 아빠에게 더 큰 거절을 당했다면 아이는 엄마와 재연합을 시도하게 된다. 엄마 품에 안기려고 할 것이다. 엄마와 재연합에 성공한 아이는 엄마 품을 떠나려 하지 않을 것이다. 엄마에게 착 달라붙어 행동하게 될 것이다. 징징거리면서 엄마 곁에 착 달라붙는 행동을 할 수 있다.

두 번째, 엄마 주변을 맴도는 아이가 있다

엄마와 재연합에 실패를 했다. 그런 아이는 엄마의 주변을 맴돌면서 재연합의 기회를 찾으려고 한다. 나름대로 기회라 생각해서 엄마 가슴으로 다시 다가갔을 때 엄마 품에 다른 사람이 안겨 있다면 치명적이다. 다른 사람은 바로 동생이다. 동생에게 엄마의 가슴을 빼앗긴 것이 된다. 동생은 철저하게 엄마의 가슴을 독차지하려고 한다. 아이는 동생을 아주 많이 부러워하는 눈으로 바라보게 된다. 그러면서 동생을 미워하기도 한다. 하지만 동생을 미워하면 엄마로부터 더 큰 거절을 당하기 때문에 할 수 없이 동생을 돌보기로 마음을 먹고 엄마의 가슴을 양보하게 된다.

엄마의 가슴을 동생에게 빼앗긴 아이는 자기 방식대로 엄마를 자기 곁에 붙들어 놓는 방법을 다양하게 터득하게 된다. 그 방법은 긍정적인 부분도 있고 부정적인 부분도 있다.

그 방법 중의 하나를 소개하려고 한다.

아이가 밥을 먹는데 입안에 넣고서 삼키지 않는 방법이다. 그러면 엄마는 따라다니면서 잔소리를 하면서 밥을 먹어야 한다. 엄마는 아이를 떠날 수가 없다. 아이는 엄마의 가슴은 동생에게 빼앗겨 품에 안길 수는 없지만 이러한 방법으로 엄마를 내 곁에 붙들어 놓으려고 한다.

세 번째, 아이가 엄마 품으로 돌아왔을 때 충분히 안아주라

아빠와 놀다가, 가정 어린이집을 비롯하여 다양한 곳에서 엄마의 가슴을 떠났다가 엄마 품으로 돌아왔을 때 충분히 안아주라. 심장 소리를 듣게 하라. 아이들에게 안정감을 주면서 엄마는 언제나 나와 함께 한다는 신뢰감을 느끼게 하라. 신뢰감이 형성된 아이는 엄마의 가슴을 조금씩 더 많이 안정감 속에서 분화를 하게 될 것이다.

아이가 마음껏 자율성을 경험할 수 있도록 허락해야 한다.
아이는 엄마 품을 떠나 한 발짝 앞으로 내딛게 될 때 엄마도 일정한 거리를 두고 한 발짝 다가가라. 아이는 잘 놀다가 뒤를 돌아볼 것이다. 엄마가 눈에 보이면 안정감 속에 놀이를 지속한다. 그리고 더 큰 모험을 향하여 새로운 탐색과 도전을 할 것이다. 그리고 또 뒤를 돌아 볼 것이다. 엄마가 눈에 보이면 더 큰 발걸음으로 다른 곳으로 옮길 것이다. 엄마는 언제나 아이와 함께 하는 모습을 지속해서 보여주어야 하며 기지 역할을 해야 한다.

이런 삶이 반복되면 아이는 이렇게 생각한다.
'엄마는 언제나 내 곁에 있어, 내 눈에 보이지 않는다 할지라도 엄마는 나와 함께 있어.'라고 생각한다. 그러면서 행동반경을 점점

더 넓혀나갈 것이다. 이것을 심리학적으로 '대상 항상성'이라 한다. 아이에게 반드시 대상 항상성이 생겨야 한다.

 만약에 아이가 엄마 품을 떠나 행동을 하다가 뒤를 돌아보았을 때 엄마가 없다면 어떻게 행동할까? 아이는 두려움과 불안으로 가득하게 될 것이다. 그리고 모든 행동을 중단하고 울면서 엄마 품으로 달려와 안길 것이다. 또한, 엄마를 자신 옆에 있게 하고 놀이를 하게 될 것이다. 이때부터 엄마는 아이의 포로가 된다. 아이가 자율성으로 인하여 많은 것을 경험한 후에 엄마 품으로 돌아왔을 때 사랑을 듬뿍 담아 안아주라. 그리고 따뜻한 말로 사랑을 표현하라.

2. 직접적인 자녀 양육보다는 엄마의 양육을 도와주라

아이들은 엄마가 한번 말하면 듣지 않고 서너 번 말을 해야 듣는다. 이때 아빠가 도와주면 참 좋다. 아이가 밥을 입에 넣고 삼키지 않는 아이라면 아빠가 놀이하듯이 함께 식사 시간을 만들어보라. 아빠와 놀이를 통하여 사랑을 경험한 아이는 엄마와 밀착을 해야 할 필요성을 느끼지 않는다. 그렇기에 아이는 식사를 잘 하게 될 것이다.

아내를 사랑하는 최고의 방법

아내는 아이를 돌보다가 몸도 마음도 지쳐가고 있을 때이다. 아이가 하나이든 둘이든 셋이든 많고 적음을 떠나 아내는 에너지가 고갈되어 가고 있다. 집에 일찍 가서 아내의 일을 도와주고, 아이들과 함께 놀아주라.

남편의 따뜻한 말 한마디가 아내의 마음에 새로운 생기를 불어넣을 것이다. 또 아이들과 놀아주는 사랑은 아내의 마음을 감동하게 할 것이다.

여자는 태초부터 지금까지 모성애 중심으로 살아왔다. 자녀에게 희망을 두고 살아왔다. 그렇기 때문에 자신이 살아야 할 최고의 이유가 되는 아이들에게 잘해 주는 것이 아내를 사랑하는 최고의 표현 방법이다.

"말로만?"

이 말은 아내가 나에게 한 말이다.

나는 늦게까지 열심히 교회 일을 하면서 늦게 집으로 와서 아내에게 이렇게 말했다.

"사랑한다. 힘들었지, 고마워요."

그 때마다 아내는 "말로만?"이라고 답했다.

나는 이렇게 말했다.

경상도 사나이들 가운데 "사랑한다고 말로 표현해주는 사람이 드물어."

그때도 아내는 "말로만?"이라고 했다.

나중에 알게 된 사실이다.

아내는 두 아이를 키우면서 정신없이 바빴고, 힘들었다고 했다. 그때마다 남편이 집에 일찍 와서 아이들을 조금 돌봐줬으면 하는 마음이 간절했다고 한다.

요즘도 간혹 이런 말을 한다.

"아이 둘을 키울 때 얼마나 힘들었는지 몰라요. 남편은 없지, 아이들은 울지, 정신이 없었지요. 남편이 하는 일을 알고 있었기에 원망은 못 했지만 정말 힘들었답니다."

아이들에게 책 읽어주는 아빠

엄마가 책을 읽고 들려주는 소리와 아빠가 들려주는 책 읽는 소리는 아이에게 다르게 들린다. 나를 지지해주는 소리로 들린다. 이 시간에 아이와 아빠 사이에 친밀감이 형성된다.

스킨십을 많이 하라

신생아 때는 대부분 엄마와의 관계에서 이루어진 스킨십이다. 아이는 아빠와의 스킨십을 통하여 입술의 언어가 아니라 관계 언어를 배운다. 사회생활에서 관계의 중요성은 아버지라면 잘 알 것이다. 아빠의 스킨십을 통해 관계언어가 형성되며 모험심과 도전정신을 배우게 된다.

3. 유아기에 놀아주는 아빠로 변신하라

유아기 때(1~3세)는 아빠를 엄마의 대용물로 생각하지만, 3~6세가 되면 아빠가 대상으로 보이기 시작한다. 아이가 볼 때 아빠는 대단한 사람으로 보인다. 지금까지 아이는 엄마가 전지전능한 사람이며, 최고인 줄 알았는데 엄마보다 더 힘이 세고 강한 사람이 있다는 것을 발견하게 된다.

이때부터 아이는 목표가 바뀐다.
엄마의 가슴을 떠나 아빠에게로 향하게 된다. 아빠에게 사랑받고 인정받고 싶어 하고 아빠와 함께 재미있는 시간을 만들기를 원한다. 아빠에게 자신은 어떠한 존재인가를 끊임없이 확인받고 싶어 한다.

유치기 때는 새로운 놀이가 필요하다.
지금까지는 엄마와의 관계에서 놀이라면 이제부터는 아빠와의 새로운 놀이를 통해 친밀감을 만들 필요가 있다. 아빠와의 놀이를 성공적으로 경험한 아이는 귀찮을 정도로 아빠와 놀고자 한다. 엄마와의 놀이에서는 경험하지 못하는 놀이이기 때문이다. 굵고 짧게, 자주 반복해서 놀아주라.

아버지와의 놀이는 아이에게 새로운 사랑으로 자리 잡게 된다.
아빠는 아이를 번쩍 들어 목말을 태워준다. 두 팔을 잡고 빙빙

돌리기도 한다. 누워서 비행기 놀이도 하고, 씨름도 하고, 넓은 운동장으로 가서 마음껏 활동하기도 한다. 이러한 아빠의 사랑을 통해 아이는 모험, 전진, 탐색, 도전을 통해 생산적이며 열정적 에너지를 주는 사랑이다.

아빠와의 놀이는 자녀들이 성장하면서 건강한 자아 정체성 형성에 기초가 된다.
자녀들은 자신의 아버지가 어떤 사람이며 무슨 일을 하고 있고, 어떻게 지내는지 알고 싶어 한다. 무엇보다 자녀들은 아버지에게 인정받으려고 한다. 아버지의 사랑은 위기 속에 지혜를 주고 담대함을 주는 창조적 에너지이다.

아빠를 통해 감정을 어떻게 통제하고 표현해야 할 것인가를 배우게 된다.
아버지의 사랑을 경험한 아이는 대상 항상성이 건강하게 형성된다. 아버지의 사랑을 많이 받은 아이는 엄마와 밀착해야 할 필요성을 느끼지 않는다. 독립적이며 자기 주도적인 성격이 형성되어 간다. 아버지의 사랑은 자녀들의 자아정체성 형성에 많은 영향력을 준다.

이때 아빠의 사랑을 자주 경험한 아이는 건강한 남성상을 배우며 엄마와 재연합을 해야만 한다는 부담에서 벗어나게 되며 마음껏 자율성을 탐색할 수 있다.

잘 놀아준 아빠는 자녀들에게 환영을 받는다.

"애들아! 아빠 오셨다."라는 엄마의 말에 아이들이 "아빠!"하고 뛰어나와 반갑게 맞이해야 한다. 아빠가 대문을 열 때 아이들이 '아빠' 하고 달려와서 가슴에 안길 때 아빠는 얼마나 행복할까? 그런데 아이들이 아빠가 오는 발걸음 소리나 문을 여는 소리를 싫어하거나 두려워한다면 이보다 더 불행은 없을 것이다. 엄마가 아이에게 "아빠가 왔으니까 빨리 방으로 들어가라."라고 한다면 이 또한 얼마나 불행한 일일까?

유아기 때 아빠와의 좋은 관계는 자녀들에게 소속감을 갖게 한다.

소속감이란 무엇인가?

나는 필요한 사람이구나. 나는 중요한 사람이구나. 나는 소중한 사람이구나. 나는 사랑받고 있구나 하는 느낌을 말한다. 이러한 존재감은 소속감을 느낄 때 형성된다. 아빠들이여! 아이들에게 소속감을 느끼게 하여 존재감을 느끼게 하라.

소속감을 느끼게 하는 가장 좋은 방법은 사랑과 관심이다.

아빠가 퇴근할 때 아이들은 베란다를 비롯하여 다양한 곳으로 숨는다.

'아빠, 날 찾아보세요.'라는 신호이다. 이때 아빠는 반드시 아이를 찾으러 다녀야 한다. 너무 빨리 찾아도 좋지 않다. 적절하게 찾는 시늉을 하면서 찾아주어야 한다. 이러한 아빠의 모습을 보면서 아이는 '내가 사랑받고 있구나. 나는 소중하고 중요한 사람이구나.'라는 마음을 갖게 된다.

만약에 아빠 피곤해서인지, 아니면 아이에게 무관심해서인지, 아니면 고의든지, 아이를 찾지 않으면 아빠의 의도와 전혀 관계없이 아이의 마음에는 상처가 생긴다.
아이는 이렇게 생각한다.
"아빠는 나를 사랑하지 않는구나. 나는 필요 없는 사람이구나. 나는 중요한 사람이 아니구나."
이렇게 생긴 상처가 평생 아이 가슴에 새겨질 것이다. 그리고 이러한 감정은 아이가 사회생활 할 때 대인관계를 맺는데 다양하게 나타날 것이다.

그런데 다른 자녀가 숨었을 때 그날따라 아빠 기분이 좋아서 찾아다닌다고 해보자.
이 아이는 어떻게 생각할까?

소속감을 느끼게 하려면 행위보다는 존재에 대하여 칭찬을 많이 하라
칭찬으로 사람을 만든다. 칭찬은 고래도 춤을 추게 한다. 칭찬은 죽은 심장도 뛰게 한다는 말이 있다. 아이들이 건강한 자아상을 갖기 위해서는 칭찬과 격려가 필요하다. 엄마의 칭찬도 중요하지만, 아빠의 칭찬과 격려가 필요하다.

건강한 자아는 칭찬과 격려를 받을 때 형성된다.

아버지로부터 적절하게 칭찬과 격려를 받을 때 아이의 마음에는 주도성이 형성되면서 자아상이 아주 건강하게 발달된다. 칭찬 받은 행동을 더 잘하려고 할 것이고 마음에는 자신감이 넘쳐나게 될 것이다. 자녀들은 아버지의 칭찬을 원한다.

아빠와의 좋은 관계는 유치기에 있는 아이들에게 대단히 중요하다.

그 이유는 '주도성'이라는 능력이 발달되기 때문이다. 아들이라면 동일시가 일어나기 때문에 아빠는 성장의 모델이 된다. 딸이라면 첫사랑이 형성되는 시기이기 때문에 아빠와의 친밀감은 아이들의 미래에 핵심적인 요인이 된다.

주도성이 발달되면 다음과 같은 덕목이 형성된다
- 나는 목적을 설정할 수 있어요.
- 나는 목적을 향해 도전할 수 있어요.
- 나는 목적과 가치가 있다.
- 목적이 탐욕에 근거한 것인지 가치에 근거한 것인지를 알 수 있다.
- 나는 주도할 수 있고 내가 될 수 있다.
- 나는 건강한 양심이 있다.
- 나는 죄책감을 통하여 반성과 변화 그리고 성숙으로 나아갈 수 있다.

- 나는 풍부한 상상력이 있어요.
- 나는 목적을 이룰 수 있는 대단한 사람이다.
- 나는 주장할 수 있고 요구할 수 있다.
- 나의 인생은 내 앞에 놓여 있다.
- 나는 엄마와 아빠처럼 행동할 수도 있다.
- 나는 엄마와 아빠를 닮고 싶어요.

아버지들이여!

직장에서 힘든 시간을 보낸 것을 알지만 자녀들의 미래를 위해 짧고 굵게 자주 반복하여 놀아주라. 아이들에게 줄 수 있는 최고의 선물이 될 것이다.

4. 윤리 도덕을 균형감각 있게 훈련하라

유치기 때는 양심과 자아상이 발달하는 시기이다

양심은 훈계를 받으면서 발달이 되고 자아상은 칭찬을 들으면서 형성된다.

지나치게 훈계를 하면 흑백논리가 발달되거나 예민한 양심이 발달되어 잘못된 죄책감을 느끼게 된다. 적절하고 균형 감각이 있는 훈계는 아이의 양심을 건강하게 발달시킨다.

유아기까지 훈계는 엄마가 주로 해 왔다. 물론 유치기도 엄마의 훈계가 중요하다. 하지만 아이들은 몇 번을 말해야 듣는다. 그런데 아버지는 한 번만 말을 해도 아이들이 잘 듣는다. 그렇기 때문에 아빠에게 적절하게 아이들의 윤리 도덕을 교육하는 것이 좋다. 또한, 아버지가 윤리 도덕의 본을 보여주는 것도 중요하다.

요즘 아빠들은 아이들에게 윤리와 도덕을 가르치지 않고 너무 풀어 놓는 경향이 있다. 식당에 가보면 아이들이 버릇없는 행동을 하더라도 가만두는 경우가 많다. 자신이 성장할 때 너무 통제를 많이 받았고 기가 많이 죽었기 때문에 아이들에게 기를 죽이지 않으려고 풀어놓아 다니게 한다. 그러다가 사춘기 자녀들이 버릇없는 행동을 하게 되면 통제를 하고 윤리를 엄격하게 적용을 시키려 한다. 이때는 이미 자기중심적인 행동이 몸에 배어 있기에 부모의 말을 잘 듣지 않는다.

다시 말하자면 중요한 타이밍을 놓치게 된다. 잡아야 할 시기에는 놓아버리고, 놓아주어야 할 사춘기 때는 잡으려고 한다. 그러니까 가정마다 부모와 자녀의 갈등의 골은 더 깊어만 가게 되는 것이다.

가장 위험한 부모의 양육 태도를 한 가지 소개하려고 한다
유약형의 부모로서 반드시 6세 이전에, 아무리 늦어도 초등학교 저학년 때까지는 반드시 고쳐야 할 부분이다. 이들의 양육 태도는 다음과 같은 절차를 밟으며 서서히 강화되어간다.

첫 번째 단계 : 부모가 유약해서 자녀에게 올바른 훈계를 하지 못한다.
부모는 자녀에게 싫은 소리를 못 해 '오냐, 오냐.' 하며 받아준다. 유약형의 부모는 대체로 우유부단한 성격이다. 자기주장이 약하고 지나친 모성애, 부성애로 보살핌이나 배려가 강하여 자녀들이 무엇을 요구하면 행동의 제약이나 한계를 설정하지 못하여 '안 된다.'라고 거절을 못 하고 그냥 '오냐, 오냐' 하며 다 들어주는 부모다. 자녀들의 잘못된 행동에 대하여 올바른 훈계를 하지 못한다.
일상생활이나 사회생활의 업무 부분에서는 아주 단호하고 판단력을 보이는 사람 중에도 유독 특정한 아이에게 약해지는 부모가 있다. 아이가 원하는 것을 다 해준다. 유약형의 부모 양육 태도는 과잉보호와는 다른 점이 있다. 과잉보호는 부모가 주도적으로 양육하기 때문에 아이들은 의존성이 강한 아이로 성장하게 된다. 하지만 유약형의 부모는 아이가 부모를 적극적으로 조종하며 이끌

기 때문에 공격적이고 충동적으로 성장하게 될 가능성이 크다. 그리고 쉽게 만족함을 누리지 못하고 늘 불만에 가득한 사람으로 성장할 가능성이 크다.

두 번째 단계 : 자녀는 충동적인 아이가 된다.

부모가 유약하면 자녀들은 대부분 충동적으로 즉흥적이며 발끈하는 성격이 형성된다. 아이는 발끈하는 성질로 자신이 원하는 것을 얻기 시작하면서 버릇이 없어진다. 부모는 아이에게 끌려 다니기에 십상이고 아이는 부모를 자기 마음대로 조종한다. 아이가 화를 내는 것을 부모는 견디지 못해서 아이들이 화를 내기 전에 미리 다 해주는 경향이 있다. 아이는 자신이 부모에게 화를 한번 내면 원하는 것을 얻을 수 있다는 진리를 터득하게 된다. 그래서 이들은 아주 충동적이고 버릇이 없어지며 즉흥적이고 발끈하는 성격을 사용하여 원하는 것을 얻어간다.

세 번째 단계 : 화가 난 부모는 버릇없는 자녀를 강하게 징벌을 가한다.

평소에는 아이가 원하는 것을 '오냐 오냐' 하면서 다 들어주다가 어느 시점에서 아이가 너무 버릇없고 충동적이고 즉흥적인 모습을 보일 때 부모는 참다가 한번 혼을 낸다. 그런데 혼을 낼 때 살짝 혼내는 것이 아니라 아주 강하게 혼을 낸다. 이런 일은 자주 일어나지는 않고 몇 달에 한 번 정도 일어나기도 한다. 부모가 징벌을 가하게 되면 아이는 눈물을 뚝뚝 흘리면서 용서를 구한다. 아파하고 아주 약한 모습을 보이며 측은한 모습을 보인다. 아이는 자기 방에 가서 울기도 하고, 공부도 열심히 하며 부모의 말에 순종도 잘하고 마치 순한 양처럼 변한다. 또 부모가 기뻐하고 좋아하는 행동을 알아서 하기도 한다. 한편 이러한 아이 모습을 보는 부모는 마음이 아파진다.

네 번째 단계 : 심하게 징벌을 가한 부모는 잘못된 죄책감의 지배를 받아 자녀들이 원하는 것을 스스로 다 해준다.

징벌을 가한 후에는 밀려오는 죄책감으로 아이에게 약해진다. '내가 잘해주지도 못했는데 너무 심했구나. 부모가 일을 나가면 혼자 얼마나 외로웠을까. 이렇게 심하게 화를 내지 않아도 되었는데, 저 어린 것이 매를 맞으면서 얼마나 마음이 아플까?'라고 생각하며 미안함과 죄책감이 생겨 마음이 무겁다. 그리고 다시 부모는 미안함 때문에 아이가 원하는 것을 알아서 해준다. 때로는 아이가 무엇을 해 달라고 하면 부모는 다 해준다.

다섯 번째 단계 : 유약과 충동 그리고 징벌과 죄책감이라는 사이클이 지속해서 반복되는 양육 태도이다.

부모를 화나게 하면 자신이 원하는 것을 얻게 된다는 것을 아이들은 알고 있다.

부모는 어떤 자녀에게 약해질까?

첫 번째, 특별한 의미가 있는 자녀에게 유약해진다.

자녀가 부모에게 있어서 특별한 의미를 가지는 경우에 그럴 가능성이 아주 크다. 예를 들어 결혼한 지 10년 만에 낳은 아이라든지, 첫째 아이를 낳고 그렇게 기다렸는데 임신이 되지 않다가 몇 년 후에 낳은 아이라든지, 때로는 40일 특별 새벽기도나 금식기도를 해서 낳은 아이, 위에 아이가 죽은 다음에 태어난 아이, 또는 늦둥이나 독자, 막내, 장남 등 다양하게 나타날 수 있다.

두 번째, 특별한 의미는 없더라도 지나친 모성애를 가진 부모에게 많이 볼 수 있다. 지나친 모성애의 무의식에는 불안감이 깔려 있다.

세 번째, 부모가 자녀로부터 사랑을 잃을까 봐 걱정하는 부모, 마음에 불안이 깔린 부모에게서 나타난다. 이런 부모는 자녀들의 얼굴이 차갑거나 화가 난 표정을 차마 볼 수 없어서 아이에게 거절하지 못한다.

네 번째, 성장할 때 부모로부터 사랑을 너무 받지 못하여 내 아이만큼은 기죽이지 않고 키우겠다는 생각을 하는 부모가 아이에게 적절한 행동의 한계를 설정하지 못하는 경우다.

다섯 번째, 부모가 직장에 다니고 할머니, 할아버지가 애지중지하며 키우는 경우다. 엄마는 아이에게 전업주부처럼 늘 아이 곁에서 원하는 것을 해주지 못한다는 생각 때문에 생긴 죄책감을 느끼게 된다. 그래서 아이가 물질적인 것을 원할 때 다 들어주거나 아이에게 미안해서 '오냐 오냐' 하는 경우가 많다.

유약한 부모에게 자란 아이의 성격은 어떻게 될까?

첫 번째, 자기중심적이다.

모든 사람과 일은 자기중심적으로 움직여야 한다고 생각한다.

어릴 때 모든 가족은 나를 중심으로 행동해 주었다. 자신이 생각하는 대로, 요구하는 대로, 신호를 보내는 대로 주위에 있는 가족 중 누군가가 원하는 것을 만족하게 해주었다. 너무나 좋은 세월을 보냈다. 그래서 이 사람에게는 '모든 세계가 내 중심으로 움직여주어야 한다.'라는 마술적 사고가 형성되었다. 상대방이 자기 생각대로 움직여주지 않으면 '나를 사랑하지 않는다. 나를 배신했다. 나는 왕따를 시켰다.'라고 생각하고 은근히 화가 난다. 그리고 마음 깊은 곳에는 복수해야겠다는 생각이 자리 잡는다.

두 번째, 내가 원하는 것은 '즉시' 얻어야 한다.

내가 원하는 것은 무엇이든지 즉시 성취해야 한다. 원할 때 바로 이루어지지 않으면 순간적으로 발끈하는 성질을 가지고 있다. 특히 자신이 원하는 것을 충족시키려는 방법으로 발끈해 상대방이 자신의 요구나 요청에 따르게 하는 독특한 무기로 사용한다. 그 독특한 무기가 분노와 짜증이다.

세 번째, 분노 조절 장애를 가질 될 가능성이 크다.

아동, 청소년들 가운데 분노 조절이 잘되지 않는 사람들 가운데 가장 많은 유형이었다.

가정에서는 순간적 분노와 발끈하는 성질을 통하여 원하는 것을 얻었다. 하지만 사회에는 가정이나 부모가 아니므로 자신이 원하는 대로, 신호를 보낸 대로 되지 않을 경우가 많다. 이때 나를 사랑하지 않는다거나 나를 배신했다고 생각하고 순간적으로 분노를 표출하거나 발끈하기도 하고, 충동적인 행동 등을 하여 분위기를 쌓게 만드는 등 다양한 방법으로 사람을 조종하려 한다. 분노와 충동성은 성장하면서 없어지는 것이 아니라 더 심해진다. 심지어 학교 선생님이나 부모에게도 폭력을 쓰기도 한다. 자기밖에 모르는 사람이 된다.

네 번째, 지속성이 약하고 변덕이 심하다.

지속성과 일관성이 요구되는 상황이 되면 지겨워하며 주위 사람들을 힘들게 한다. 화를 내거나 일관성이 없고 변덕이 심하고 예측할 수 없는 사람이 된다. 쉽게 산만해지고 충동적이며, 낭비가 심하고 책임감이 약한 경우가 많다.

다섯 번째, 매력적이지만 예의범절이 없다.

신체적으로 매력적이고 명랑하고 친절하며 따뜻한 면이 많다. 사람들은 그에게 쉽게 매료된다. 모임이나 파티에서 즉흥적으로 행동하는 사람은 비록 그의 말과 행동이 어리석어 보일지라도 관심을 끌게 되고 그의 주변에는 친구들이 모여든다. 금기시된 말을 하고 우리가 해 보았으면 하고 바라는 행동을 한다. 사람들을 쉽게 사귀고 친근한 관계를 맺는 능력을 갖추고 있다.

그들은 자기들의 감정에 의혹을 품지 않는다. 그래서 그들은 자신감이 넘치고 어떤 분야에 성공을 거둘 수 있게 된다. 그리고 자신이 가진 것을 쉽게 친구들에게 나누어 줄 수도 있다. 자신은 또 구하면 되기 때문이다.

이런 아이들을 바로 잡을 수 있을까? 사춘기가 되면 고치기 힘이 들 수 있다. 왜냐하면 몸에 배어 있기 때문이며 자신에게 주는 유익이 너무나 많기 때문이다.

부모는 유약과 충동 그리고 징벌과 죄책감이라는 고리를 끊고 건강한 부모상을 배워야 한다. 이 순환의 고리를 끊지 않으면 모든 가족이 불행해 질 수 있다.

5. 사소한 질문에도 성의 있게 대답하라

아이들은 호기심이 많아질 때이다. 궁금한 것이 많아 질문을 많이 할 때이다. 아이들이 질문하는 것은 삶의 에너지인 생명을 갖고 있기 때문이다. 이 질문에 성실하게 답변해 주는 것이 참으로 중요하다. 일상에서 지쳐 있는 아빠에게 아이들의 질문은 피곤하게 만들 수도 있다. 하지만 아이들이 질문해 왔을 때는 하는 일을 중단하고 진지하게 들어주고 함께 나누어보라. 만약에 들어줄 수 없는 상황이라면 '다음에 하자.'라고 약속하라. 그리고 그 약속은 반드시 지켜주어야 한다.

아이들이 질문할 때 아빠가 성의 있게 대답을 해주는 것에서 한 걸음 더 나아가서 아이들의 생각을 들어보는 것이 더 좋다.

예를 들어 "하나님은 어디 계시나요?"라고 질문을 했다면 아빠가 일방적으로 설명을 해 주기보다는 "네 생각에는 하나님은 어디에 계실 것 같으니?"라고 질문을 해보자. 자녀들이 나름대로 대답을 하면 "왜 거기에 하나님이 있을 것 같니?"라고 질문을 해보자.

아버지와 질문과 대화를 통하여 지지를 받고 자란 아이들은 풍부한 상상력과 창의력 그리고 주도성이 배가 될 것이다. 또한, 신뢰 관계가 형성이 될 것이다.

6. 자녀를 편애하지 말라

유치기 때 편애가 가장 많이 일어나는 시기이다.
첫째 아이가 유치기라면 둘째 아이가 태어나서 걸음마를 시작하는 시기일 때이다.
둘째가 예쁘다고 첫째를 소외시키면 안 된다. 둘째는 어리고 첫째는 좀 더 컸다고 야단을 치면 안 된다. 첫째는 엄마의 모든 사랑을 둘째에게 양보하고 있는 시간이다. 고통의 시간이다.

이때 형성된 편애는 쉽게 변하지 않고 지속해서 진행이 된다.
한 아이가 예쁘다고 편애하지 말라.
첫째와 둘째를 편애하지 말라.
남자와 여자를 편애하지 말라.
자녀들은 알고 있다.

부모는 둘 다 똑같은 자식이기 때문에 차별 없이 공평하게 사랑했다고 말할 수 있겠지만 자녀들은 다르게 생각할 수 있다. 그 이유는 아이들은 사랑을 독차지해야 하기 때문이며 부모의 생각과 자녀의 생각이 다르며, 의식의 수준이 연약하기 때문입니다.

해외 연구 사례에 의하면 모든 부모가 '편애하지 않는다!'라고 말하지만, 실제로는 65% 이상의 부모들이 자녀를 양육하면서 편애를 하고 있다고 했다.

부모의 편애는 아이들의 마음을 분노하게 하고 낮은 자존감을 느끼게 하며 형제 관계를 비극으로 만들 가능성이 상당히 높다.

7. 존재의 가치를 느끼게 해주어라

존재가치는 어떻게 형성되는가?
세상의 원리는 '행위'와 '타인의 평가'에 의해서 형성된다.
하지만 우리의 자녀들은 행위와 관계없이, 중요한 타인의 평가와 관계없이 존재 자체로서 천하보다 귀한 가치성을 갖고 있다.

자녀들에게 어릴 때부터 하나님의 형상이 보석처럼 빛이 나게 하는 교육이 필요하다. 사회는 외모와 능력 중심이지만 자녀들에게 외모와 능력과 관계없이 천하보다 귀하다는 것을 심어주라. 이것이 부모가 자녀에게 줄 수 있는 소중한 선물이다. 가치성을 심어주는 방법의 하나를 소개하고자 한다.

자아 선언문을 다음과 같이 만들어라
나는 존귀한 사람이다.
나는 고귀한 사람이다.
나는 가치 있는 사람이다.
나는 중요한 사람이다.
나는 필요한 사람이다.
나는 유능한 사람이다.
나는 복 있는 사람이다.
나는 소중한 사람이다.
나는 독특한 사람이다.

자아 선언문을 자녀들과 함께 나누어보라
이렇게 나누어 보라.

자녀에게 "아들아 넌 어떤 사람이니?"라고 물어라.
그리고 자녀는 이렇게 대답하게 하라.

예를 들자면
"아들아 넌 어떤 사람이니?" "아빠, 난 존귀한 사람이에요."
"아들아 넌 어떤 사람이니?" "아빠, 나는 고귀한 사람이에요."
"아들이 넌 어떤 사람이니?" "아빠, 나는 가치 있는 사람이에요."
"아들아 넌 어떤 사람이니?" "아빠, 난 중요한 사람이에요."
"아들아 넌 어떤 사람이니?" "아빠, 난 필요한 사람 사람이에요."
"아들아 넌 어떤 사람이니?" "아빠, 난 유능한 사람이에요."

이같이 자아 선언문을 함께 한 후에 아이를 꼭 안아 주면서 이렇게 말해 주자.

"그래, 넌 소중한 사람이야. 넌 존귀하고 가치 있고 고귀한 사람이야. 넌 유능한 사람이야. 앞으로 큰일을 할 거야. 넌 꼭 필요한 사람이란다. 아들아 사랑한다. 태어나줘서 고맙고 잘 커 줘서 고맙다. 그리고 아빠는 언제나 네 편이야. 영원히 너와 함께 한단다. 사랑해."

학교를 보내면서 해주고 학교에서 돌아오면 똑같이 해주자. 이렇게 하루에 2번씩하고 1주일에 3~4일 정도 지속하면 놀라운 변화가 일어날 것이다.

부모 강의를 하면서 위에 있는 것을 실천해보라는 숙제를 꼭 내어줍니다.
많은 부모가 과제를 하고 이런 반응을 보였다.

- 아이들에게 굉장한 자신감이 생겼어요.
- 분리 불안 장애가 치유되었어요.
- 자녀와 많은 대화가 자연스러워졌다.
- 가정 분위기가 편안해졌으며 아이들이 행복해졌다.
- 나도 마음이 편안해지고 마음에 여유가 생겼다.
- 아이들이 '엄마도 소중하고 존귀하고 고귀한 사람이에요.'라고 말을 했어요.
- 너무 행복했습니다.
- 화낼 일이 거의 없어졌습니다.
- 아이들이 순해지고 말을 참 잘 듣네요. 참 신기하네요.
- 부모와 자녀와의 관계가 아주 온정적이고 좋은 관계를 유지하게 되었습니다.
- 틱 장애가 치유되었어요.
- 많이 밝아졌어요.
- 얼굴이 달라졌어요.

자녀들은 생각 없이 놀고 행동하는 것 같지만 분명한 목표를 갖고 있다. 그 목표는 자신의 존재감과 부모의 사랑과 밀접한 관계가 있다. 인간의 내면에는 사랑의 기본적인 욕구가 있다. 중요한 사람이 되고 싶고 소중하고 중심에 서고 싶어 하는 마음이 있다.

아버지들이여!
자녀들의 가슴에 존재감을 심어주라.
아이들의 마음에 가치감을 갖게 하라.
자아 선언문을 자녀와 함께 묻고 대답을 하게 하라.
아이들의 가슴에 세뇌를 시켜라. 왜냐하면, 진리이기 때문이다.
이것이 부모의 사명이다.

8. 부부가 행복한 모습을 자주 보여주라

유치기는 결혼의 그림이 그려지는 시기라 할 수 있다. 아들의 첫사랑은 엄마이고, 딸의 첫사랑은 아빠이다. 엄마 아빠가 당당하고 행복하게 살아가는 모습을 보면서 첫사랑이 자라게 된다. 엄마 아빠가 행복하게 사는 모습을 보여주면 아이는 결혼에 대해 그림이 좋게 그려진다.

부부가 행복할 때 남자아이에게는 '적극적 침투성', 여자아이는 '포용성'이 강화된다. 하지만 엄마 아빠가 자주 싸우는 모습이나 행복하지 않은 모습을 자주 노출하게 되면 아이의 마음에 결혼의 그림이 어그러지게 된다. 그리고 그 첫사랑은 결혼 적령기에 배우자를 선택할 때 중요한 역할을 하게 된다.

사랑하는 구체적인 방법을 알기를 원한다면 필자가 쓴 『부부 신호등』을 참고하시기를 바란다.

9. 전능의 환상을 깨트려주어야 한다

전능의 환상이란 무엇인가?
나는 무엇이든지 할 수 있다. 나는 생각하는 대로 된다. 주변 사람을 내가 마음대로 움직일 수 있다. 나는 원하는 것은 언제든지 얻을 수 있다.
이처럼 생각하는 환상을 말한다. 이러한 전능의 환상은 반드시 형성되어야 한다. 그리고 유치기가 되면 전능의 환상이 깨어져야 한다.

전능의 환상이 깨어진 아이는 이렇게 생각한다.
내가 한 것이 아니라 '주변에서 도와주었구나. 엄마가 해 주었구나. 아빠가 도와주었구나. 나는 부족함이 많은데 나를 믿어주어서 엄마 아빠가 도와주었구나.'라는 고마운 마음이 생긴다.

전능의 환상이 깨어지지 않으면 아이는 부모를 자기 뜻대로 조정하려고 한다. 제 생각대로 움직이지 않으면 수단 방법을 가리지 않을 것이다. 심지어 신체적인 질병까지 일으키는 아이들도 있을 것이다. 이때 부모가 적절한 윤리와 도덕을 갖고 아이들을 건강하게 훈육하는 것이 중요하다.

최근에 부모나 스승 또는 윗사람에게 폭력을 행사하는 아이들, 자기 멋대로 행동하는 아이들, 버릇없이 자기중심적이며 충동적인 아이들, 분노 조절이 안 되는 아이들이 많다.

이런 아이들은 대체로 유치기 때까지 잘못된 사랑으로 전능의 환상이 깨어지지 않는 아이들이다. 조직의 쓴맛을 보지 못하고 자신이 최고인 줄 아는 아이들이다. 주변 사람들은 자신을 위해서 있어야 하는 사람이라고 생각한다. 만약에 내 생각을 즉시 받아주지 않으면 배신자라는 생각을 하거나 나를 왕따를 시켰다는 생각을 하고 분노를 폭발한다. 충동적으로 분노를 폭발해 놓고 자신이 잘못한 줄도 잘 모른다.

아버지들이여!
이때 자녀들에게 분명한 원칙과 윤리 도덕을 갖고 자녀를 양육하길 바란다.

함께 나누기

1. 우리 아이는 자율성이 강한 아이인가 아니면 순응하고 조용한 아이인가?

2. 엄마에게 거절당하여 아빠인 당신에게 다가오는 아이들에게 어떻게 대하였는가? 많이 놀아주었는가?

3. 칭찬과 훈계를 균형감각 있게 하는가 아니면 자녀들에게 약해져서 일관성 없이 하는가?

4. 나는 성장할 때 편애를 받지는 않았는가? 받았다면 그때 기분은 어떠하였는가? 혹시 나의 자녀들을 편애하고 있지는 않은지 한번 생각해보자.

5. 자녀들에게 존재의 가치성을 심어주는 삶을 아침과 저녁에 한 번씩 해보자. 그리고 어떤 변화가 일어났는지 나누어보자.

7장 아동기의 아버지 역할

1. 자녀들의 학습에 도움을 주는 아빠

 아동기는 가정이라는 틀을 떠나서 학교에서 공부하면서 인지 기능을 학습하는 시기이다. 아버지들은 자녀들의 공부에 대하여서는 엄마에게 모든 것을 맡기고 무관심한 경우가 많다. 그러다가 고학년이 되거나 중학생이 되면 성적을 보고 훈계를 하거나 야단을 치기도 한다. 이때 자녀들은 아버지의 훈계를 듣고 반항을 하기도 한다. 심지어 아버지에게 "아버지가 뭔데 나에게 이래라저래라 해요, 아버지가 해준 것이 뭐가 있어요? 아버지가 나에게 언제 관심이 있었어요? 돈만 벌어다 주면 다예요?" 하면서 대들기도 한다.

 아버지들이여!
 초등학교 학습은 인생에서 있어서 가장 중요한 기초다. 이때 학습이 잘되지 않으면 아이들은 공부를 포기할 수도 있다. 아이들은 친구들과 학습 능력을 비교하면서 자신의 정체성을 탐색하기도 한다. 학습에 대하여 아빠의 따뜻한 배려와 관심 그리고 칭찬은 아이들에게 충분한 학습 동기가 될 수 있다.

2. 가족과 함께하는 추억의 여행을 많이 하라

학령기 전까지는 굵고 짧게 자주 반복해서 놀아주어도 좋다. 하지만 아동기가 되면 가족과 함께 하는 잊지 못할 추억의 여행을 만들어라. 이때 아빠와 경험한 추억은 에너지가 되고 행복이 되어 먼 훗날 자신이 아버지가 되어서 아이들에게 똑같은 방법으로 놀아줄 에너지가 된다. 또한, 아동기의 자녀에게는 함께 하는 아빠, 자신이 배우고 닮아가고 싶은 모델로서의 아빠가 필요하다.

자녀들이 중·고등학생이 되면 가족과 함께 하는 시간이 부족해진다. 아빠도 바쁘고 아이들도 바쁘다. 한 지붕 세 가족이 사는 시대가 온다. 그리고 사춘기가 되면 가족의 개념에 변화가 온다. 아동기까지는 부모와 형제자매가 가족이며 항상 우선순위에 있지만 중·고등학생이 되면 친구나 선배, 서클 등 다양한 공동체가 가족의 개념으로 자리 잡는다. 가족과 함께 식사 약속을 했다 할지라도 친구와 약속이 생기면 가족과 관계를 취소하고 친구와의 약속을 우선시한다.

이러한 날이 오기 전에 아동기의 자녀들과 추억을 많이 만들어라. 하고 싶어도 하지 못하는 날이 불현듯이 찾아오게 될 것이다.

3. 자녀들에게 미소를 많이 지어라

자녀들은 부모라는 거울을 통하여 자신의 정체성을 탐색해 나아간다. 아빠라는 거울을 봤을 때 자녀들의 얼굴이 어떻게 비쳐질까? 아빠가 환한 미소로 칭찬을 한다면 자녀는 아빠라는 거울을 자주 보고 싶어 할 것이다. 하지만 아빠라는 거울을 봤는데 표정이 어둡거나 무거운 분위기라면 그 거울을 보는데 다소 거부감을 느끼게 될 것이다. 그리고 아빠라는 거울에서 어떤 말이나 평가가 나올까를 생각하면서 긴장을 하며 아빠의 얼굴을 보게 될 것이다.

자녀들이 편안하게 기쁨과 즐거움으로 아빠라는 거울 볼 수 있도록 미소를 지어주라. 이것이 자녀들에게 줄 수 있는 좋은 선물임을 잊지 말라.

4. 가능성의 말을 많이 하자

아버지의 말은 굉장한 능력이 있다. 물론 엄마의 말도 능력이 있지만, 아동기에는 아버지의 말이 더 큰 능력이 있다. 그러므로 아버지들이여! 자녀들에게 가능성의 말, 희망의 말, 생기를 주는 말, 칭찬의 말을 많이 하라.

말의 출처는 하나님이다. 하나님이 태초에 말씀으로 천지를 창조하셨다. 그 하나님의 이름이 아버지이다. 그리고 그 이름을 남자인 당신에게 주신 것이다. 당신이 아버지가 되어서 자녀들에게 어떤 말을 하느냐는 아이의 미래를 결정하는 것이다.

성공한 사람들이 나와서 자신이 성공한 이야기를 할 때 빠지지 않고 나오는 것은 가능성의 말, 칭찬과 희망의 말이라는 씨앗이 있었기 때문이었다.
실패하고 범죄자들의 말을 들어보라. 실패할 수밖에 없는 말이 가슴에 뿌리를 내리고 있다.

아버지들이여!
간곡하게 권하고 싶다.
아동기에 있는 아이들에게 가능성의 말, 긍정적인 말을 많이 하라.

〈수, 우, 미, 양, 가〉의 진실을 아는가

예전에는 성적을 표시할 때 점수에 따라 '수, 우, 미, 양, 가'로 표기를 했다.

학생들의 성적표에는 성적을 평가하면서 이런 의미를 담는다.
- 수(秀)는 아주 잘하고 뛰어나다.
- 우(優)는 우수하고 잘 한다.
- 미(美)는 보통 정도이다.
- 양(良)은 약간 못한다.
- 가(可)는 아주 못한다.

하지만 우리 선조들은 성적을 "수, 우, 미, 양, 가"로 표기를 하면서 그 속에 깊은 의미를 부여하였다.

- '수(秀)'는 빼어날 '수' 자로 '매우 뛰어나다', '아주 우수하다'는 뜻
- '우(優)' '우등생' 할 때의 '우' 자로, 넉넉하다, 우수하다는 뜻
- '미(美)'는 아름다울 '미'로 '좋다', '아름답다', '우수하다'는 뜻
- '양(良)'은 '양호하다'는 양으로, 역시 '좋다', '어질다', '뛰어나다'라는 말 그대로 '괜찮다'는 뜻.
- '가(可)'는 '가능하다'고 할 때의 '가'로 '옳다'는 뜻을 가지고 있으며, 충분한 가능성을 가지고 있다. 역시 '우수하다'는 의미로 썼다.

우리의 옛 선조들은 성적표를 따라 사람을 차별하지 않았다. 공부를 잘하든 못하든 다 고귀하고 소중한 사람이다. 그래서 모든 학생에게 사랑과 희망을 주는 가능성의 메시지로 그 의미를 담았던 것이었다.

자녀들의 성적표에 미가 많다면 아름다운 사람이다.
'양'이 많다면 양호한 사람이다.
'가'가 많다면 그 사람은 가능성이 많은 사람이다. 나의 자녀는 가능성이 있는 사람이라고 생각하고 가능성의 말을 선포하라.

가능성의 말은 아이의 미래를 바꾼다.
아인슈타인 박사도 어릴 때는 저능아로 분류되었다. 초등학교 다닐 때 담임선생님 눈에는 문제아로 보였고 어딘가 조금 모자라는 학생으로 보였다. 그래서 선생님은 생활 기록부에 '성공의 가능성이 희박하다.'라고 평가를 했다. 결국, 그는 초등학교에서 퇴학을 당했다.

그랬던 그가 위대한 사람으로 탄생할 수 있었던 것은 아들의 가능성을 알아차린 어머니의 혜안이었다. 어머니는 아들에게 지속해서 이렇게 말했다.
"사랑하는 아들아! 너에게는 다른 사람이 가지지 못한 특별한 재능이 있단다. 너는 반드시 훌륭한 일을 하게 될 것이다."

학교에서 포기하고, 머리가 둔한 둔재로 분류되고, 학교생활에 적응하지 못하고, 가능성이 희박하다고 판단 받는 학생이 어머니의 가능성의 말로 인하여 인생의 꽃을 피우게 된 것이다.

부모들은 자녀를 바라보는 눈을 바뀌어야 한다.
자녀를 향한 입술의 언어를 바꾸어야 한다.
자녀를 향한 마음에 있는 이미지를 바꾸어야 한다.

5. 약점을 장점으로 희망을 주는 말을 하자

사람은 누구나 약점이 있다. 그 약점이 부모를 비롯한 중요한 타인의 말 한마디에 큰 상처가 되기도 하고 장점으로 변화되어 생수가 나오기도 한다.

아버지들이여!
자녀들의 약점을 장점으로 볼 수 있는 사람이 되자. 자녀들의 행동이 틀린 것이 아니라 나와 다름을 알고 존중하자. 자녀의 연약함 속에 미래의 가능성을 볼 수 있는 마음을 갖고 희망의 메시지를 전하자. 자녀들의 미래는 날마다 행복할 것이다.

혹시 네 잎 클로버를 알고 있나요?
네 잎 클로버는 행운을 가져다주는 풀이라고 사람들은 생각하고 있다. 어릴 때 네 잎 클로버는 행운을 가져다준다고 하여서 친구들과 함께 시간이 나면 네 잎 클로버를 찾는 게임도 하였다. 그리고 찾게 되면 버리지 않고 책 속에 깊이 간직하기도 했다.

사실 네 잎 클로버는 행운을 가져다주는 풀이 아니다.
네 잎 클로버는 돌연변이다. 기형이라 할 수 있다. 정상적인 클로버에서 어쩌다 기형이 탄생한 것이다. 변형되어 탄생할 때 많이 아팠을 것이다. 속된 말로 하면 병신이라 할 수 있다. 인간적인 표현을 빌리자면 왕따를 당한 풀이다. 가장 불행한 풀이라 할 수 있다. 태어나지 말아야 할 풀이다. 그런데 선조들은 기형아로 태어난 네 잎 클로버를 보고 행운을 가져다준다고 풀의 의미를 새롭게 하였다.

그래서 우리도 돌연변이로, 기형으로 탄생한 네 잎 클로버를 행운을 가져다주는 풀로 생각하게 되었다. 그 생각이 세월이 흘러가면서도 무비판적으로 받아들이게 되었다. 네 잎 클로버를 만나면 행운을 잡았다고 했다. 그리고 그 행운의 풀을 버리기 아까워서 책 속에 깊이 묻어두기도 했다.

사람들의 특성도 다양하다.
외모도 다르고, 말투도 다르고, 성격도 다르고, 공부를 잘 할 수도 있고 못 할 수도 있고, 성격이 좋을 수도 있고 까칠할 수도 있다. 생각과 가치관도 다르다. 나와 다르다고 부정적으로 평가하거나 상처를 주는 말을 하지 말자. 다름을 행운이라고 의미를 부여한 선조들의 지혜를 본받아서 서로 다름에 대하여 축복의 말, 희망의 말, 가능성의 말을 하자.

부족하다고, 나와 다르다고, 행동이 느리고 이해력이 부족하다고, 독특한 외모를 가졌다고 부정적으로 평가하지 말자. 나와 다를 뿐이지 틀린 것은 아니다. 그도 소중한 사람이고 고귀한 사람이다. 천하보다 가치 있는 존재이다. 나에게는 도움이 잘되지 않는 사람이라 할지라도 누군가에게는 큰 도움이 되고 기쁨이 될 수 있다. 누군가에게는 자신의 생명보다 귀한 존재임을 명심하자.

6. 존재 자체를 칭찬하라

행동은 잘할 수도 있고 못 할 수도 있다.
존재는 행위와 관계없이 존귀하다. 존재 자체를 칭찬하자.

근면성은 언제 많이 생기는가?
근면성은 어떤 과제를 완수했을 때, 어떤 일을 성취했을 때 부모를 비롯하여 중요한 타인으로부터 칭찬과 인정 격려를 받을 때 생긴다. 칭찬과 인정을 받는 그 행복과 즐거움으로 인하여 스스로 찾아서 과제를 성실하게 하는 능력이 생긴다. 칭찬을 받을 때 아동들은 자신의 가치성, 유능함, 소속감을 느끼게 된다. 하지만 칭찬과 인정을 받지 못하고 비난이나 질책을 받았다면 아동의 마음에는 '나는 잘 하는 것이 없구나.'라는 열등감이라는 감정이 자라게 된다.

아버지들이여!
아이들에게 가능하면 칭찬을 많이 하라. 칭찬과 격려가 근면성과 자신감을 형성시켜주기 때문이다. 아동들이 실수도 많이 하고 실망하게 할 때도 많을 것이다. 그런데도 칭찬을 많이 하라. 칭찬으로 사람이 성장하기 때문이다.

아버지들이여! 든든한 버팀목이 되어주자.
아동들은 성장해 가는 과정이다. 잘 할 수도 있고 못 할 수도 있다. 마음에 들 수도 있고, 마음에 들지 않을 수도 있다. 어차피 공부는 자녀들이 하는 것이다. 부모가 해 줄 수 없다. 그렇기에 기다려주고 믿어주고 이해와 수용 그리고 격려와 칭찬을 하라.

말없이 있어도 아빠의 영향력은 크다.

아이의 얼굴을 보며 빙그레 웃어주라.
있는 그대로의 모습을 보며 칭찬하라.
조금 시간이 걸리더라도 아이를 끝까지 믿어주라.
어떤 일이 있어도 아이를 신뢰하고 아이 편이 되어주자.

["효자가 되겠습니다."라고 큰절을 하는 아들]

둘째 아이가 초등학교 1학년이 되던 해 5월이었다.

아이가 태권도 도장을 다녀와서는 아빠에게 앉으라고 한 후에 큰절을 하면서 "아빠! 효도하는 아들이 되겠습니다."라고 했다. 너무 기분이 좋아서 딸도 불렀다. 그리고 같이 큰절하게 하고 "아빠, 효도하겠습니다."라고 말하게 했다.

절을 받은 후에 두 아이를 무릎에 앉혀 놓고 "어떻게 하는 것이 효도하는 것이냐?"고 물었다.

그때 아들이 하는 말이 "부모님의 말씀을 잘 듣는 것이 효도입니다."라고 했다. 그래서 "부모 말을 잘 들을 수 있느냐?"라고 물으니까 "아뇨."라고 대답을 했다.

"그러면 효도할 수 없는데……." 라고 말을 하니까

아이가 대답하는 말이 "공부를 잘하는 것이 효도입니다."라고 했다. 다시 아들에게 "그럼 넌 공부를 잘 할 수 있느냐?"라고 하니 또 대답하기를 "아뇨."라고 했다.

나는 아들에게 이렇게 말했다.
"아들아! 그럼 너는 효도를 못 하겠구나. 부모 말도 잘 들을 수 없지, 공부도 잘 못 하지, 그럼 어떻게 효도하는 거지?"라고 다시 물었습니다. 아들이 한동안 생각하다가 말을 잇지 못했다.

말을 못 하고 있는 아들에게 이렇게 말해주었다.
"만약 아빠 아들이 공부를 잘하면 좋겠지만 공부를 못해도 좋다. 말을 잘 들으면 좋겠지만 어떻게 부모의 말을 다 잘 들을 수 있냐? 아들아, 태어난 것 자체가 이미 효도를 한 것이란다. 너희들이 여기에 있는 것이 효도한 것이란다. 너희들이 아들, 딸로 태어나줘서 엄마 아빠는 얼마나 행복한지 모른단다. 태어나줘서 고맙다. 건강하게 잘 자라줘서 고맙다. 이것이 바로 효도란다."

7. 또래 친구들과 놀이를 많이 갖게 하라

 아동기에 또래 친구들과의 놀이는 자기 정체성을 탐색하는 거울이라 할 수 있다.
 아동기는 잘 놀아야 한다. 프로이트는 아동기를 성적으로 평온하며 잠복되어 있는 시기라고 했다. 잠복되어 있는 에너지가 동성 친구들과 다양한 놀이를 통하여 에너지를 건강하게 표출하는 것이 중요하다.
 학교에서 친구들과 놀이와 공부를 함께 하면서 인지 기능을 학습하고 자신의 소속감과 존재감을 다양하게 경험하는 시기이다. 놀이가 잘 이루어지면 근면성 또는 성취감이 성취되지만, 학교 학습이나 놀이에서 실수나 실패를 경험하면 부적응감이나 열등감을 느끼게 된다. 그러므로 아동들에게 성취감과 성공을 맛보도록 많은 경험과 다양한 환경을 제공하는 것이 중요하다.

8. 어린 시절을 재구성해서 들려주라

부모가 자녀들에게 줄 수 있는 선물 중의 하나가 아이들의 과거를 재구성해서 들려주는 것이다. 자녀들은 어린 시절을 잘 기억하지 못한다. 사랑을 받은 기억을 잘 기억하지 못한다. 반면에 상처나 섭섭한 것에 대한 기억이 잘 한다. 그 기억도 왜곡적인 부분도 많다. 전체를 기억하지 못하고 부분적으로 기억한다. 상처 입은 기억들이 자녀들 가슴 깊은 곳에 박혀 있다가 현재 삶에 어떤 일들이 일어났을 때 과거의 기억과 겹쳐지면서 부정적인 자아상을 만들어 간다. 그러므로 과거를 재구성하여 들려주는 것이 존재감을 높이고 가치감을 높여주는 중요한 일이라 할 수 있다.

부모가 이야기로 재구성해서 들려주라.
들려줄 때 가능하면 긍정적인 것을 들려주라.
긍정적인 부분을 들려줄 때도 약간 과장을 해서 들려주라.

자아를 치유하고 건강한 자아 이미지를 회복하여 존재감과 가치성을 갖는 방법으로 연합의 기법이 있다.

연합의 원리는 내가 살아오면서 잘한 것, 성공한 것, 좋았던 기억, 행복했던 일들을 의도적으로 떠올려서 되새김질하는 것이다. 우리는 성장하면서 잘 해낸 일들이 많다. 하지만 우리는 '운이 좋았다. 누가 도와줘서 그랬다. 별거 아니다.'라고 의미를 축소하거나 소홀히 여기는 경향이 많다.

자녀들이 성장하면서 잘 한 것, 성공한 것, 좋았던 기억을 많이 들려주라. 많으면 많을수록 좋다. 의도적으로 들려주라.

끝에는 스킨십을 해주면서 반드시 이렇게 말해주라.
"태어나줘서 고맙다. 너는 아빠의 행복이란다. 너로 인하여 아빠는 정말 행복했단다. 사랑한다."

딸에게 들려주었던 이야기
할아버지와 할머니는 너를 참 사랑했단다.
할아버지 집에 가면 너는 먼저 할아버지와 할머니에게 다가가서 품에 안기면서 '할아버지 할머니 사랑해요.'라고 먼저 말을 했단다. 이 때 아빠도 행복했고 할아버지, 할머니도 참 행복해했단다.
너는 마트에 가면 무엇을 사든지 꼭 두 개를 구매를 했단다.
아빠가 물어보았지.
"왜 두 개를 사느냐?"라고.
그때마다 너는 이렇게 대답을 했지.
"하나는 제 동생 거예요."
너는 어릴 때부터 항상 동생을 챙겼단다.
그런 너의 모습을 보면서 아빠는 참 행복했단다.

너는 호기심이 참 많았단다.

"하나님은 어디 계시는 거야?"라고 질문한 것이 생각나는구나.
아빠는 이렇게 말했지.
"하나님은 우리 마음에 있단다."
너는 이렇게 말했지.
"아빠, 밥을 많이 먹고 배를 뻥 터뜨리면 하나님이 나오겠네요!"

너는 기억력이 남달랐단다.
한번 본 것은 대부분 기억을 하고 있었지.

아들에게 들려준 이야기

아들아! 너의 미소는 천만 불짜리야.
네가 누나를 얼마나 좋아했는지 아니?
누나가 유치원에 갔을 때 너도 따라간다고 떼를 썼고, 누나가 초등학교 입학했을 때 누나 따라간다고 해서 아빠가 너를 데리고 학교에 갔잖아. 그리고 목말을 태워서 누나가 공부하는 모습을 보곤 했었지. 기억이 나니?

아들아, 할아버지와 할머니는 아들 선호사상이 있어서 너를 참 사랑했단다. 물론 아빠가 누나부터 먼저 챙겨주고 아들을 챙겨주라고 해서 했지만 너를 참 많이 사랑했단다.
아들은 양보도 잘하고, 순하고, 누나와 함께 참 잘 지냈단다.
너~ 기억나니? 놀이터에서 놀다가 넘어져서 이마를 다친 일이 있었는데, 그리고 아들은 축구를 아주 잘했단다. 아빠하고 축구를 얼마나 많이 했는지 아니? 넌 씨름도 잘해서 아빠를 이겼단다.

　한 번만 들려주는 것이 아니라 매일 매일 들려주라.
　귀에 못이 박일 정도로 들려주라.
　당신의 말이 자녀들의 가슴에 생기가 될 것이다.
　힘들고 지칠 때 당신의 말을 기억하게 될 것이다.
　아버지의 말이 자녀들의 미래를 아름답게 할 것이며 세월이 갈수록 생기가 될 것이다.

9. 상처를 준 것이 있다면 진지하게 사과하라

아버지는 아이에게 있어서 전능자이며 신과 같은 존재이다. 자녀는 부모에게 인정받기 위해서 살아왔다. 아버지의 말 한마디가 아이에게는 정말 중요하다. 부모에게 상처를 입거나 거절을 당하면 자녀는 더 잘하는 모습을 보여 부모의 인정을 받고자 한다. 아버지가 자녀에게 고의로 상처를 주는 사람은 없다. 하지만 자녀들은 부모로부터 상처를 입는다. 아이들이 힘들고 상처 입은 일이 있다면 진지하게 사과를 하라. 자녀에게 "미안해. 그동안 아빠 때문에 많이 힘들었지?"라고 직접 용서를 구하고 마음을 터놓고 함께 대화하라.

아이가 학교에 오지 않았습니다
아들이 초등학교 2학년 때 담임선생님으로부터 받은 전화였다. 아내는 선생님으로부터 전화를 받고 나에게 말했다.
"여보! 아들이 학교를 오지 않았다고 하네요. 어디 갔을까요. 왜 안 갔을까요."라고 말을 하면서 급하게 나가려고 했다.

나는 아내의 손을 잡고 이렇게 말했다.
"여보! 아들이 학교를 안 간 이유를 나는 알 것 같아요. 내가 학교에 가 볼게, 당신은 아이를 기다려요. 아이가 오면 절대 야단치지 말고 힘들었지? 라고 말하고 그냥 안아주세요."라고 했다.

나는 원인이 무엇인지를 알 것 같았다.

학교 담임선생님을 찾아갔다.

선생님과 짧은 대화를 나눈 후에 나는 이렇게 말했다.

"선생님, 한번 도와주세요. 우리 아들 한번 살려주세요."

선생님은 당황해하면서 "아버님, 그것이 무슨 말이세요?"

나는 이렇게 말했다.

"선생님! 내가 공부를 늦게 해서 알게 되었는데 아이가 아빠에게 상처를 많이 받은 것 같아요. 나는 눈만 부릅떠도 말을 잘 듣는 아이로 키우려고 했어요. 그런데 그것이 아이에게 상처가 된 것 같아요."

선생님은 "어떻게 도와드리면 될까요."라고 했다.

나는 선생님께 이렇게 말했다.

"간단합니다. 내일 학교에 오면 손을 약간 흔들어주시고요, 약간의 미소를 지어주시면 됩니다."

그리고 집에 도착해보니 아들이 집에 와 있었다.

나는 아들을 꼭 안으면서 이렇게 말했다.

"아들아! 아빠가 잘못했다. 아빠를 용서해 주렴, 아빠는 너를 잘 키운다고 엄하게 했는데 이것이 너에게 상처가 되었구나."

그리고 아들에게 물었다.

"선생님 목소리가 무섭니? 눈빛이 무섭니? 표정이 무섭니?"
아이는 모든 것이 다 무섭다고 했다.

나는 다시 물었다.
"아들아! 너에게 말할 때 무섭니, 아니면 전체 학생들에게 말할 때 무섭니?"

아들은 이렇게 말했다.
"전체 학생들에게 말씀하실 때 선생님의 눈빛, 목소리, 얼굴 표정이 너무 무서워요."라고 했다.

나는 알고 있었다.
나의 눈빛과 목소리, 얼굴 표정에 아이가 무서움을 느꼈다는 것을, 그리고 아빠에 대해 무서움이 선생님의 표정에서 느꼈던 것이었다.

"아들아, 미안해. 아빠를 용서해줘. 지난 명절 때 대구 큰집에 갈 때였지. 갑자기 네가 배가 아프다고 했어. 그때 아빠는 화가 난 목소리로 '그러면 일찍 말을 했어야지, 지금 배가 아프다면 어떻게 하란 말이냐, 좀 전에 말을 했더라면 주유소에라도 갔을 것 아니냐?'라고 화를 많이 내었지? 아들아, 아빠가 무서워서 큰아빠 집에 도착할 때까지 참고 참다가 도저히 참지 못하여 배가 아프다고 했는데 아빠는 너에게 화를 냈구나. 아들아, 지금 생각해보니 아빠가 많이 잘못했구나. 미안하다. 아빠를 용서해 줄 수 있어?"

그러자 아들은 이렇게 대답했다.
"아빠, 고마워요. 그렇게 말해줘서요."
나는 아이의 꼭 안으면서 "아들아! 미안하다. 아빠가 너무 무섭게 해서 미안해, 앞으로 안 그럴게 아빠를 용서해 줄 수 있겠니?"

그리고 다음 날 아들이 학교에 갔다 오는데 아주 밝은 모습이었다.
그래서 오늘 학교에서 무슨 좋은 일이 있었느냐고 물어보았다.
아들은 "오늘 선생님이 나를 기다려주었어요. 그리고 이름도 다정하게 불러 주었어요. 우리 선생님 웃는 얼굴이 너무 보기 좋아요."라고 했다.

나도 성장하면서 받은 상처를 아버지에게 말했을 때 네 잘못이 아니라고 하시며 용서받았을 때의 그 행복과 기쁨이란 말할 수 없이 좋았다. 나의 아들도 그런 기분이었을 것 같다.

부모의 따뜻한 말 한마디!
고맙다. 사랑한다. 힘들었지? 미안하다는 것과 같은 말 한마디는 아이의 미래를 바꾸는 힘이 있다.

함께 나누기

1. 당신의 아동기 시절을 한마디로 정의한다면 무엇이라고 할 수 있을까?

2. 당신의 아동기 때 아버지와의 관계에서 가장 추억이 되는 여행은? 당신의 자녀와 추억을 만든 여행이 있다면 함께 나누어 보자.

3. 당신이 아동기 때 가장 잘한 것이나 성취한 것이 있다면 어떤 것들이 있는가? 당신의 자녀들이 잘한 것이나 성취한 것들이 있다면 어떤 것들이 있는가 생각해보자.

4. 당신의 자녀에게 해준 말 중에 가장 긍정적인 말과 부정적인 말은 무엇인가?

5. 당신의 자녀들에게 잘못한 것이 있다면 진지하게 사과를 해 보자.

8장 청소년기의 아버지 역할

1. 미래의 비전을 함께 나누는 아버지가 되라

청소년기는 미래를 향하여 꿈을 꾸며 준비하는 시기다.
꿈을 꾸는 청소년들은 이러한 질문을 자신에게 많이 한다.
'나는 누구인가?', '나는 어떤 존재인가?', '나는 어디에서 왔을까?', '왜 사는가?' '나는 무엇을 위해, 누구를 위해 어떻게 살아야 할 것인가?'

이러한 질문에 대한 대답은 한번으로 끝나는 것이 아니다. 성장하면 일평생을 통하여 일어나는 일이다. 그 첫 번째 일어나는 시간이 청소년이다.

아버지들이여!
청소년기에 있는 자녀가 있다면 아빠의 삶과 청소년 때 가졌던 꿈을 이야기해주라. 그리고 그 꿈이 어떻게 이루어졌는가를 함께 나누어라.

나는 자녀들에게 늘 이렇게 말한다.
"사람은 태어나서 3번 열정으로 삶을 도전하게 되면 성공한다.

아빠는 두 번 미친 열정으로 인생을 살았단다."

첫 번째는 고등학교 때 예수를 믿고 성경에 미쳤단다. 성경을 하루에 8시간, 12시간, 정말 많이 읽었단다. 성경이 그렇게 재미가 있더라. 그리고 신학교를 진학하여 목사가 되었다. 아빠는 목사로서의 인생이 참으로 행복했다.

두 번째는 38살에 치유 상담이라는 학문을 만나면서 미친 열정이 나와서 10년 가까이 정신없이 공부했단다. 이렇게 목사와 심리 상담사로 사역을 하고 있으니 얼마나 행복한지 모른다.

이제 아빠 나이가 50대 중반이 되었단다.
아빠는 남은 생애를 투자할 곳을 찾으려고 다양한 곳에 문을 두드리면서 세 번째 열정을 투자할 곳을 찾고 있단다. 아마도 신학과 심리학이 접목된 무엇이 아닐까 싶다. 솔직히 말하면 아빠의 남은 생애는 지금까지 공부한 모든 것을 강의하면서 살고 싶다. 평생 강의를 하다가 내 생애를 마치고 싶다.

그리고 딸과 아들아!
중·고등학교 때 막연하게 생각했던 것들이 이제 와서 생각해보니 다 이루어져 있더라. 너희들의 생각은 막연한 생각이 아니라 하나님이 너희 미래에 길을 열기 위해서 생각나게 하신 거야. 그냥 하고 싶은 것이 있거나 생각이 떠나지 않는 것이 있다면 한번 도전해 보는 것이 중요하단다.

　　　　　아빠! 학교 마치고 나오는데 이것을 주었어요.
중학교 1학년 때 학교를 다녀온 딸이 나에게 이렇게 말했다.
"아빠! 학교 정문에서 이것을 나누어 주었어요."
내가 보니까 메이크업 학원에서 수강생을 모집하는 학원 소식지였다.

나는 딸에게 물었다.
"공주님 메이크업을 하고 싶어요? 생각이 있으면 다음 주 토요일에 학원에 방문하여 구체적으로 한번 알아보자."라고 했다.

그리고 일주일 후에 토요일에 학원을 방문하였다. 딸아이는 신바람이 났다. 선생님을 만나서 궁금한 것을 물어보고 실제로 체험도 해보았다. 그리고 수강하는 학생들을 만나서 많은 이야기를 나누었다. 그리고 난 후 집으로 돌아오는 길에 딸이 나에게 이렇게 말했다.
"아빠! 한번 해 보고는 싶은데 지금 내가 공부가 되니까 공부를 열심히 해볼게, 그리고 아빠 고마워! 나를 위해 이렇게 시간을 내어주어서요."라고 했다.

열심히 공부하여 명문 고등학교에 진학을 했다.
고등학교 2학년 가을에 나에게 이렇게 말했다.

"아빠! 이것 아직 가지고 있어요."라고 하면서 중학교 1학년 때 받았던 전단을 내놓았다.

나는 이렇게 말했다.
"공주님! 이것을 아직도 하고 싶어요?"

딸은 이렇게 말했다.
"메이크업이 아니라 디자인을 해보고 싶어요."라고 했다.
나는 디자인을 전공한 제자를 딸에게 소개를 해주었다. 2시간 동안 전문가와 대화를 하던 딸이 이렇게 말했다. "아빠! 디자인이 내가 생각했던 것하고 달라요. 그리고 TV에서 본 디자인과 현실과는 너무 차이가 크게 나는 것 같아요. 공부로 도전을 해 볼게요."라고 했다.

대학을 졸업한 후에 서비스업종에서 알바를 하면서 이렇게 말했다.
"아빠! 이것을 아직도 가지고 있어요."
나는 아무 소리 하지 않고 이렇게 말했다.
"하고 싶으면 해라. 아빠가 도와줄게, 그리고 메이크업을 공부하고 자격증을 취득한다고 해서 반드시 이 방향으로 취직을 해야 한다고 생각하지 마라. 하고 싶고 흥미가 있는 일이기에 열정이 생긴단다. 열정이 생길 때 열심히 하는 거야. 흥미에 유능함까지 생긴다면 너의 미래가 그려질 거야. 때가 되면 하나님이 또 다른 열정을 너에게 주실 거야. 먼 훗날 네가 대학에서 생명공학을 전공한 것과 지금 하는 아르바이트, 지금 준비하는 메이크업이 통합되어 너는 멋진 인생을 만들어갈 거야."

아빠! 드럼을 전공하면 안 될까요?

아들이 중학교 2학년 때 나는 개척교회를 시작했다. 교회에 드럼은 있는데 칠 사람이 없어서 아들에게 네가 배워서 한번 쳐 보라고 했다. 레슨을 받고 온 아들은 이렇게 말했다.

"아빠! 저, 드럼을 전공하면 안 될까요?"

나는 이렇게 말했다.

"아들아, 네가 드럼을 전공하면 반드시 성공한다. 왜냐하면 넌 인간성이 좋고 열정적이며 표현능력이 좋기 때문에 꼭 성공할 것이다. 음악을 하는 사람들은 대부분 신중하고 까다로운 부분이 있는데 넌 성격이 좋아서 어디를 가도 적응을 할 것이다. 사람들이 너를 좋아할 것이다. 나는 너를 믿고 너를 창조하신 하나님을 믿는다."

아들은 미친 듯이 드럼을 치기 시작했다. 인터넷을 통하여 세계적인 드럼전문가를 만나서 배우기 시작했다. 실용음악을 하는 학생들은 대부분 고3이 되면 대도시로 가서 전문교수에게 레슨을 받기도 한다. 아들은 포항에 있는 사람에게만 배웠다. 그리고 독학을 많이 했다. 아빠가 봐도 미친 열정이었다.

대학 시험을 치르게 되었다.

서울에 있는 대학에 실기시험을 치르기 위해 전날 올라갔다. 가면서 처음으로 후회 했다.

'아들이 이렇게 열심히 했는데 떨어지면 어떻게 하지, 아빠로서 서울에 있는 실용음악 교수에게 2달이라도 레슨을 받게 했으면 좋았겠다.'라는 생각이 들었다. 그런데 드럼을 전공한 학생을 1명을 뽑는데 21명이 지원을 했다. 기본이 3수생이었다.

난 실기 시험장으로 들어가는 아들에게 이렇게 말했다.
"넌 할 수 있다. 잘 될 거야."라고 말하면서 기도를 해 주었다.

그런데 후보 1번이 되었다. 난 합격한 학생을 더 좋은 대학으로 가게 해달라고 축복 기도를 했다. 신기하게도 그 학생이 다른 대학으로 갔다. 그리고 아들이 합격하게 되었다.

군대와 함께 6년이란 세월이 흘러 졸업을 하였다.
난 아들에게 이렇게 말했다.
"아들아! 요즘 드럼하기 싫을 때가 있지?"

아들은 이렇게 말했다.
"아빠! 사실 고민이 많습니다. 드럼을 치는 것이 전에처럼 흥미가 나지 않는 것 같아요. 지금은 해야 하니까 하는 것 같아요."

나는 아들에게 이렇게 말했다.

"아들아! 중학교 2학년 때부터 했으니까 10년은 했구나. 이제 싫증이 날만도 하다. 힘들면 안 해도 된다. 꼭 드럼으로 성공해야 할 이유는 없단다. 너는 젊음이 재산인데 하고 싶은 것 마음대로 다 해봐! 나중에 네가 경험한 모든 것을 하나님을 아름답게 쓰실 거야. 그동안 힘들었을 텐데 네가 열정적으로 드럼을 치는 모습이 정말 보기 좋았다. 고맙다. 아들아!"

아버지들이여!
자녀들에게 꿈을 심어주고 발견해주고 도전하게 하는 부모가 되길 원한다.
자녀들과 인생에 대하여, 미래에 대하여, 직업에 대하여, 꿈에 대하여 진지하게 대화하는 아버지가 되라. 물론 어머니와 대화를 할 수 있다. 하지만 아버지와 굵고 짧게 그리고 진지하게 대화를 해보라. 아이들은 아버지의 생각이 필요하다. 그리고 아버지의 절대적인 지지와 칭찬이 필요하다.

2. 아버지도 꿈을 꾸는 사람이 되라

꿈은 청소년들만이 꾸는 것이 아니다.

중년기에 있는 사람들이라면 또 한 번의 꿈을 꾸어야 한다.

운동에 하프타임이라는 시간이 있다. 이 시간은 전반전을 마친 후에 단순히 휴식하는 시간이 아니다. 전반전을 분석하면서 후반전의 작전을 세우는 시간이다. 그리고 힘도 비축한다. 사춘기의 자녀를 두고 있는 부모들의 나이는 대부분 30대 후반에서 40대 중반일 가능성이 크다. 이 시기는 중년기이며 인생의 하프타임의 시간이다. 에너지의 흐름이 바뀌는 시간이다. 이때 부모들은 새로운 꿈을 꾸며 도전을 해야 하는 시기이다. 청소년 자녀들과 함께 부모도 새로운 꿈을 도전해봤으면 한다.

나의 딸이 고등학교 때 이런 말을 했다.

"아빠! 나는 40이 넘어서 꿈을 꾸고 도전하는 아빠가 너무 좋아요. 힘들 때도 아빠를 생각하면서 새로운 힘을 얻어요. 아빠도 꿈을 위해 지금도 공부하고 도전을 하는데…. 라고 생각하면서 나의 마음을 다잡곤 해요."

성경에 이런 말씀이 있다.

말세에 내가 내 영을 모든 육체에 부어 주리니 너희 자녀들은 예언할 것이요. 너희의 젊은이들은 환상을 보고 너희의 늙은이는 꿈을 꾸리라.

(성경, 사도행전2:17)

자녀들은 예언을 할 것이다. 이 말은 입술로 자신의 미래를 선포하라는 것이다.

말은 예언하는 능력이 있다. 말이 씨가 된다. 말은 권세가 있다. 말은 미래를 바꾸고 인생을 바꾸고 운명을 바꾸는 능력이 있다. 아버지들은 자녀들의 미래를 예언해주어야 한다.

아버지는 자녀에게 이렇게 예언을 해 주라.
너는 하는 일마다 잘 될 것이다.
너에게는 밝은 미래가 있다.
너는 반드시 성공할 것이다.
너는 돈도 따라오고 사람도 따라오고 행복도 따라온다.
너는 복덩어리다.
너는 생각하는 대로 될 것이다.

아버지도 자신에게 이렇게 예언을 하라.
나에게는 밝은 미래가 있다.
나는 하는 일마다 잘 될 것이다.
나에게는 이런 꿈이 있다고 선포하라.

젊은이는 환상을 본다는 말의 의미는 다음과 같다.
꿈을 그림으로 그려라.
내가 자주, 잘 보는 곳에 그림을 붙여 놓아라.
눈만 뜨면 보게 하라.

꿈과 비전을 글로 써라.
꿈을 기록하라. 그리고 외워라.
꿈을 말로 선포하게 하라.
그리고 이루어진 줄로 알고 도전을 하라.
자녀들에게만 해당하는 것이 아니라 이 땅에 사는 아버지들이여! 꿈을 그리고 바라보면서 도전을 하자.

늙은이는 꿈을 꾼다는 말의 의미는 다음과 같다.
세상을 살아온 풍부한 경험을 갖고, 지금까지는 가정을 위해, 자녀를 위해 에너지를 사용했다면 이제는 자아실현을 위해 에너지를 집중하라는 말이다. 늘 하고 싶었던 일을 실천해보는 것이다. 그래서 세월이 갈수록 우리의 삶에는 에너지와 생기가 넘쳐야 한다.

아버지들이여!
공부하면서 꿈을 갖고 도전하는 부모가 되길 원한다.

3. 공부해야 할 동기를 심어주는 아버지가 되라

공부를 잘 해야 한다는 것은 학생이라면 더 잘 알 것이다. 학생이라면 누구나 잘 하고 싶을 것이다. 하지만 공부가 마음대로 되는 것은 아니다. 하지만 동기부여를 잘해주면 충분히 가능하다.

대부분 공부를 해야 하는 이유가 일류대학교 진학, 1등급, 직장 취직, 신분 상승 등에 초점이 맞추어질 가능성이 크다. 이러한 동기는 비교원리를 만들고, 다른 사람에게 스마트해 보이기 위한 것이 된다.

필자는 청소년들에게 왜 공부를 해야 하는가를 이렇게 설명한다. "미래의 가능성의 넓이와 높이 그리고 깊이가 무궁무진하기 때문에 공부를 하라고 한다. 크리스천이라면 하나 더 플러스시킨다. 우리가 일할 곳은 교회가 아니고 세상이기 때문에 공부해야 한다. 베드로는 예수님의 직제자였지만 성경을 기록하지 못했다. 하지만 바울은 학문이 준비된 사람이었기에 성경을 기록하였다. 베드로처럼 살아도 감사하고 바울처럼 살아도 감사하다. 하지만 세상의 빛이 되라고 하신 주님의 말씀을 생각하면서 공부를 했으면 한다."

어머니가 아들을 데리고 상담을 왔다.
"아들이 중학교 2학년인데 재능이 너무 많고 정말 잘해요. 그런데 공부를 하지 않아요. 공부를 좀 하게 해 주세요."라고 했다.

나는 그 학생에게 이렇게 말했다.

"공부를 왜 해야 하느냐 하면 일류대학을 가기 위해 하는 것은 아니란다. 1등급을 받기 위해서 공부하려면 하지 말라. 하지만 너의 미래 가능성을 위해서 공부를 했으면 한다. 너의 미래의 가능성은 무궁무진하게 열려있다. 너의 가능성의 깊이와 넓이 그리고 높이는 측량할 수 없을 만큼 열려 있다. 공부가 더해진다면 너의 재능은 더 빛을 발할 것이며 다양한 방면으로 나타날 것이다. 무궁무진하게 열린다. 공부를 잘 하라는 말은 하지 않는다. 하지만 새로운 꿈이 생겼을 때 도전할 만큼은 준비하라. 어차피 우리나라는 학벌이 중요하다."

"공부를 하지 않고 재능으로 가도 충분하다. 일찍부터 재능으로 가도 가능성의 넓이와 깊이와 높이도 무궁무진하다. 하지만 한계에 많이 부딪칠 수 있다. 그런데 초등학교 6년, 중학교 3년, 고등학교 3년, 대학교 4년의 제도를 만든 이유는 미래의 가능성을 위해 준비하라는 것이다. 너는 이제 겨우 15년을 살아왔다. 60세까지 활동을 왕성하게 한다고 가정을 한다면 45년의 가능성이 있다. 그렇기 때문에 공부를 했으면 한다. 부모를 위해서, 학교 명예를 위해서, 일류 대학을 진학하기 위해서, 대기업에 취직하기 위해서 공부하지 말고 앞으로 전개될 미래의 가능성을 위해 공부를 했으면 좋겠다."

4. 공부하는 아버지가 되라

자녀들만 공부하는 것이 아니다. 인생은 평생토록 공부해야 한다. 배움이 중단되는 것은 비극이다. 아버지들이여! 공부하는 사람이 되길 바란다.

청소년기는 잘 적응을 못 하는 시기이다.
그래서 청소년기를 걸어 다니는 시한폭탄, 어디로 튈지를 모르는 럭비공과 같다고 부르기도 한다. 자신의 신체적, 정신적, 정서적, 영적으로 다시 탄생하는 시기이다. 이러한 탄생으로 인하여 부모와 많은 갈등이 생길 수 있다.

이러한 갈등은 부모에게 성장하라고 주는 메시지이다.
"나는 이렇게 성장하고 있으니까 부모님도 성장해주세요. 부모님도 변하세요. 부모님도 공부를 좀 해주세요. 나는 더 이상 아이가 아니에요. 아이 다루듯이 하지 말고 나를 인정해주세요. 나의 성장에 도움을 주세요. 나를 좀 더 이해를 해주세요."

청소년기 자녀와 갈등이 있다면 자녀를 변화시키려고 하지 말고 부모가 변해야 하는 시기이다. 청소년기에 맞는 양육 방법을 배워야 한다. 아동기 때 양육하는 방법은 더 이상 효과가 없다. 아동기에 잘 통하였던 사랑이 이제는 통제와 간섭으로 생각하기 시작한다.

다소 거북스럽기도 하고, 갈등도 있지만 유별나거나 특별한 사람이 아니다. 거추장스럽거나 거북스러운 존재가 아니다. 단지 구별된 존재로 나를 다른 사람과 비교하지 말고 있는 모습 그대로 봐 달라는 것이다.

청소년 자녀를 양육하면서 자녀들에게 일어나는 변화를 알고 공부를 한 부모라면 지금까지 인사이드에서 행하였던 것을 조금씩 줄여나가면서 서서히 아웃사이드에서 중요한 역할을 하는 것을 배우게 된다.

고등학교 다니는 딸이 나에게 한 말이 있다.
"아빠! 저는 끊임없이 공부하고 성장하고 아빠라서 너무 좋아요. 끊임없이 도전하고 자기 계발을 하는 아빠가 존경스러워요. 아빠가 공부하지 않았다면 나의 예민한 성격을 이해하지 못하였을 것이고 그러면 내가 상처를 많이 받았겠지요. 아빠! 공부해 줘서 너무 고마워요."

아버지들이여!
사춘기의 자녀들에게는 많은 변화가 일어나는 시기이다. 아동기와는 전혀 다르다. 이러한 변화는 호르몬의 변화이며 하나님의 섭리이다. 이때 자녀를 이해하기 위해 공부하는 부모가 되길 바란다. 청소년 심리도 공부하고 인생을 공부하며 좋은 아빠가 되기 위해 공부를 하길 바란다. 좋은 아빠는 그냥 되는 것이 아니다. 돈만 벌어주면 되는 것이 아니다. 공부만 시켜주는 것이 아니라. 자녀들의 성장 과정에 맞게 성숙하기 위해 공부하는 사람이다.

5. 선택과 결정권을 주고 그들의 선택과 결정을 존중하라

　청소년기의 발달 과업은 자아 정체성 확립이다.
　자아 정체성은 선택과 결정 그리고 책임에 대한 산물이라 할 수 있다. 아동기까지는 부모가 선택하고 결정을 해주면 된다. 부모도 행복하고 아이도 행복하다. 하지만 사춘기가 되면 부모가 선택하고 결정한 것을 썩 좋아하지 않는다.

　가능하면 청소년기 자녀들에게 선택과 결정권을 많이 주라.
　선택을 잘 하는 자녀도 있고 잘못하는 자녀도 있다. 부모의 마음에 들게 선택하는 자녀가 있을 것이고 마음에 들지 않게 선택하는 자녀도 있다. 선택과 결정을 할 때 부모를 의식해서, 부모의 마음에 들기 위하여 선택하는 자녀도 있다. 가능하면 선택과 결정의 주체가 자녀가 되게 하라.

　자녀들이 무엇을 선택했든 간에 그 선택을 존중해주고 긍정적으로 평가를 해주라.
　긍정적인 평가를 통하여 칭찬과 격려를 받은 청소년기의 자녀들은 자신감이 생긴다. 선택의 능력이 생긴다. 이러한 일들이 조금씩 모여 건강한 자아정체성이 형성되어간다. 자녀들이 스스로 선택과 결정을 할 때는 용기가 필요하다. 그 용기 있는 선택에 대하여 지지를 하라.

그리고 이렇게 질문해 보라.
선택하게 된 동기가 무엇인가?
너의 선택이 어떤 유익을 가져다주는가?
그리고 탁월한 선택이라고 지지를 해주라.

6. 먼저 믿어주는 아버지가 되라

　청소년들은 아동이 아니면서 성인도 아닌 과도기라 할 수 있다. 아동기처럼 다루면 어린아이로 취급한다고 싫어하고, 자상한 마음과 사랑으로 구체적으로 챙겨주면 나를 믿어주지 않는다고 짜증을 낸다. 하지만 믿고 맡겨놓으면 제대로 하는 것도 별로 없다. 이때 아버지는 아이를 먼저 믿어주는 것이 중요하다. 믿을만한 행동을 했을 때 믿어주는 것이 아니라, 먼저 믿어줄 때 청소년기의 자녀들은 믿을만한 사람으로 신뢰감을 주는 행동을 하게 된다.

　청소년기의 자녀들은 끊임없이 부모를 실망하게 할 것이다.
　부모의 인내심을 끊임없이 시험할 것이다. 도대체 믿을 구석이 전혀 보이지 않을 수도 있다. 부모의 마음은 불안하다. 자녀의 행동을 믿을 수가 없다. 그런데도 생명과 관계된 일이 아니라면, 이웃에게 민폐를 심각하게 끼치는 일이 아니라면 믿어주고 기다려 주라. 그리하면 자녀는 믿을만한 사람으로 신뢰가 가는 사람으로 건강하게 성장해 나간다.

　청소년기를 다시 태어나는 시기라고 한다.
　진정한 의미에서 인생의 걸음마를 시작하는 시기라 할 수 있다. 신생아가 걸음마를 배우는 상황을 생각해 보라. 수 없이 넘어진다. 걸음을 시도하다가 자신의 연약함을 알고 배밀이부터 시작하는 지혜를 배운다. 신생아가 걸음마를 배울 때 부모의 반응은 어떠한가? 부모는 손을 잡아주고 함께 걷는다. 그리고 한 발자국을 뗄 때 손뼉 치면서 격려하고 웃어주고 칭찬을 해 주라. 청소년 자녀들도 정신적으로 다시 태어나는 시기라는 것을 명심하라.

실패하지 않고 배우는 것은 아무것도 없다.
청소년 자녀들이 실수와 실패를 했을 때 두 손을 잡아주라. 마음에 공감하고 지지하라. 그리고 실수나 실패를 할 때 이렇게 말하라.

"네가 왜 실수했는지 아느냐? 네가 실수하는 것은 인간이기 때문에 실수하는 것이란다. 네가 신이라면 실수를 하지 않았을 것이다. 나는 네가 인간이라는 것이 너무 행복하다."고 말하라. 청소년기의 자녀들은 이러한 말을 들어야 건강하게 성장한다. 이러한 말을 해 주는 사람이 필요하다. 가능하면 실수와 실패의 교훈을 아버지와 함께 나누면서 스스로 깨닫게 하는 것이 좋다.

로버트 슐러 목사의 말이 생각난다.
'실패는 인간이기 때문에 한다. 그렇지만 실패를 잘못 처리하는 것은 악마적이다.'
실패를 성공의 어머니로 삼을 수 있게 아이들의 손을 잡아주라.

7. 신체적인 변화에 긍정적인 에너지를 주라

사춘기가 되면 자녀들에게 신체적인 변화가 일어난다. 신체적인 변화는 하나님의 설계도이며 호르몬의 변화이다. 만약에 사춘기가 되었는데 신체적인 변화가 일어나지 않는다면 심각한 문제가 있다. 남자아이는 몽정을 하고 수염이 나고 변성기를 비롯하여 다양한 변화가 일어난다. 여자라면 생리를 비롯하여 가슴과 둔부가 발달을 한다. 이러한 변화가 일어나지 않고 성인이 된다면 어떻게 될까?

청소년기에 신체적인 변화와 함께 심리적인 변화도 많이 일어난다.
끊임없이 남들과 비교하면 신체적 자아 이미지를 만들어 간다. 이때 형성된 신체적 자아 이미지는 상당한 영향력을 준다.

이때 아버지의 말 한마디는 아이의 미래를 바꾼다.
수치를 주는 말이나 무시하는 말은 아이의 가슴에 비수가 된다.
긍정적이고 창조적이며 희망을 주는 말을 하라.

"너는 복 있는 사람이다. 너는 복을 몰고 다니는 사람이다."
이 말은 필자가 딸에게 한 말이다.
내 딸이 중학교 1학년 때로 기억한다.
어느 날 거울에 비치는 자신의 다리를 보고 있었다.

내가 볼 때 종아리가 조금 굵은 것처럼 보였다.

그때 나는 이렇게 말했다.

"딸아! 넌 복 있는 사람이다. 앞으로 너는 하는 일마다 잘 될 것이다. 너는 복을 몰고 다니는 사람이 될 것이다."라고 했다.

딸아이는 이렇게 말했다.

"어떻게 해서 그래요?"

나는 이렇게 대답을 했다.

"너의 종아리를 보니까 그런 것 같다. 너는 종아리가 튼튼하기 때문에 복을 몰고 다니는 사람이 될 것이다."

아이는 이렇게 질문했다.

"아빠, 그런 것도 심리학에 나와요? 종아리고 굵은 것이 복과 무슨 관계가 있어요."

난 이렇게 말했다.

"생각해봐라. 집을 지을 때도 기둥이 든든해야 하잖아. 사람의 종아리는 집의 기둥과 같단다. 종아리가 든든하면 무엇을 해도 당당하고 힘든 일을 해도 견디어 낸단다. 사람이 움직이면서 일을 하는데 다리가 부실하면 오래 일을 못 하잖아. 쉽게 피곤해지잖아. 그리고 종아리는 의학적으로 제2의 심장이기 때문에 성공한 사람들은 제2의 심장이 건강해야 큰일을 할 수 있단다."

아버지가 된 나

딸아이가 중학교 1학년 때였다.

어느 날 아내가 나에게 이런 말을 했다.

"여보! 딸아이가 벌써 생리를 했어요."

나는 이렇게 말했다.

"뭐 그렇게 빨리 하냐."

아내는 이렇게 말했다.

"요즘 아이들은 빨라요. 빠른 아이들은 초등학교 고학년 때 하는 아이들도 있어요."라고 했다.

나는 아내에게 말했다.

"여보! 아들이 몽정을 하게 되면 나에게 이야기해줘요. 빨래를 하다 보면 자신이 하려고 하거나 빨래를 숨기려고 할 때 나에게 말해주면 돼요."

나는 딸이 학교를 마치고 집으로 왔을 때 조용히 만났다.

"이레야! 생리했다며? 엄마에게 들었다. 처음 경험하는 일이라 당황스럽고 수치심을 느낄 수도 있어요. 많이 놀랐지? 생리는 하나님의 축복이란다. 네가 성인이 되어간다는 뜻이고 엄마가 되는 탄생을 의미하는 것이란다."

그리고 딸에게 용돈을 5만 원을 주면서 이렇게 말했다.

"공주님! 축하합니다. 이제 성인이 되어가는군요. 아빠가 돈이 많으면 무엇이든지 다 해줄 것 같은데 지금은 이 정도로만 하자. 고맙다. 잘 커 줘서. 그리고 사랑해"

아빠의 말 한마디는 중요하다.
어떤 사람은 말 한마디로 인하여 평생 치마를 입지 못하고 바지만 입고 다니는 사람도 있다. 일평생을 자신은 못생겼다고 생각하고 사는 사람도 있다.

8. 예민한 마음을 공감해주라

신체적인 변화만 일어나는 것이 아니라 마음에도 심각한 변화가 일어난다. 감수성이 극도로 예민해진다. 갑자기 짜증을 내고 화를 잘 내기도 한다. 때로는 방문을 확 닫고 자기 방으로 들어가거나, 방문을 잠그기도 한다. 심리적인 변화는 다양한 환경에서 비롯되는 스트레스와 연합이 되면서 갈수록 예민해지고 격해지고 민감성을 증가시킨다. 자녀도 자신의 모습에 당황하고 부모도 익숙하지 않은 일이기에 황당하다. 몸에 맞지 않은 옷을 입은 것처럼 모든 것이 부자유스럽다.

이때 청소년 자녀들은 중요한 타인으로부터 무조건적 지지를 원하기도 한다. 감정을 공감하고 적극적으로 경청하고 들어줄 때 아이들은 건강하게 성장할 것이다.

그냥 기분을 공감하며 들어주라.
자녀들이 부정적인 감정을 표현할 때 너무 윤리와 도덕적으로 받아들이지 말라.
자신의 내면에 있는 상한 감정을 표현할 수 있도록 분위기를 만들어주라.

청소년의 자녀들이 학업과 외모, 경쟁, 비교원리 속에서 많은 스트레스를 받는다.

그 스트레스를 풀 수 있는 공간은 오직 가정이다. 아이들이 화를 내거나 짜증을 낼 때 건강한 증상이라는 것을 깨닫고 답을 주려고 하지 말고 공감하고 지지해 주라. 그러면 아이는 자신을 지지해준 부모를 영원히 잊지 못할 것이다.

감정을 공감하고 이렇게 지지를 해주라. 실수해도 괜찮다. 실수는 인간이기 때문에 하는 것이란다. 짜증을 내어도 괜찮다. 짜증이 나는 것은 성장에서 오는 자연스러운 것이란다.
하기 싫다고 해도 괜찮다. 자신의 의사를 표현하는 것이란다.
외로워도 괜찮단다. 인간은 본래 외로운 존재란다. 외로움으로 깊이 들어가는 것도 좋아.
화를 내어도 괜찮단다. 너의 인격에 문제가 있는 것이 아니라는 것을 알고 있단다.
많은 것을 경험해보렴, 너의 미래를 풍성하게 할 것이다.
불안과 염려 걱정을 해도 괜찮단다.
삐쳐도, 친구와 싸워도, 오해하고 오해를 받아도 괜찮아. 네가 성장하고 있는 증거이니까.

엄마, 책 바꿔줘요. 책 겉장이 구겨져 있어 공부가 안되잖아요
이 말은 저자의 딸이 고등학교 1학년 때 엄마에게 한 말이다.
딸이 등교를 하면서 엄마에게 맨투맨이라는 영어 책을 사 오라고 했다. 그리고 엄마는 책을 사 왔다.
저녁에 딸이 엄마에게 와서 이렇게 말한다.

딸 : 엄마, 책을 바꿔 줘요.

엄마 : 왜?

딸 : 엄마, 책의 표지가 이렇게 꾸겨져 있는데 공부가 되겠어요?

엄마 : 참… 책 내용이 중요하지 표지가 뭐 중요하냐.

딸 : 그래도 표지가 꾸겨져 있기 때문에 집중이 안 된다고요.

엄마 : 너도 참 별나다. 그냥 펴서 사용해라.

딸 : 이미 내 마음에 구겨진 것이 찍혀 버려서 공부할 맛이 안 나요.

이 대화를 듣고 있던 내가 "공주야, 내일 아빠가 바꾸어 줄게."라고 했다.

다음날 서점에 가서 흠도 티도 없는 책으로 바꾸어 왔다.

이때 딸이 이렇게 말했다.

"이 정도는 되어야 공부가 되지. 아빠, 고마워. 너무너무 고마워!"

청소년기는 예민하고 독특하고 별난 곳이 많다. 본인들에게는 정상적인 것이지만 다른 기질을 가진 사람들에게는 참 힘들 수 있다. '별난 아이다.'라고 말하지 말라. 어떤 일을 하느냐에 관심을 두기보다는 어떤 사람인가에 관심을 가져라. 그리고 아이의 민감한 마음을 공감하고 알아주는 것이 중요하다.

9. 사랑의 변화를 알고 지지하라

청소년이 되면 사랑에 많은 변화가 일어난다. 아동기까지는 부모와의 관계에서 모든 사랑의 욕구가 충족이 되었다. 아동기까지는 주는 사랑, 요구하는 사랑이 공생하면서 굴러왔다. 아무런 문제가 되지 않았다. 청소년이 되면 부모가 주는 사랑을 무조건 좋아하지 않는다. 사랑의 변화가 오고 있음을 알리는 신호이다.

아동기까지는 가족이라는 공동체에서 모든 사랑이 충족되었다.
'에로스'라는 이성의 사랑도 이성 부모와의 관계에서 어느 정도 해소된다.
'필레아'라는 우정이라는 사랑도 동성의 부모를 통하여 어느 정도 충족이 된다.
'스톨게'라는 가족의 사랑, 혈연의 사랑도 가정에서 완벽하게 실현이 된다.
'아가페'라는 헌신적인 사랑도 가정 안에서 어느 정도 이루어진다.

아동기까지 순탄하게 흘러가든 사랑이 청소년기가 되면 변화가 일어난다. 이러한 변화 속에 아버지의 지지가 필요하다.
'스톨게' 라는 가족 사랑의 개념에 변화가 온다.
청소년기가 되면 가족의 개념이 친구나 서클 선배라는 공동체로 서서히 변화가 일어난다. 예를 들어 가족들과 식사 약속을 했다고 해보자. 아동기에는 최우선으로 생각할 것이다. 하지만 청소년기가 되었을 때는 아침에 가족과 함께 외식하기로 약속을 했다. 하지만 친구가 전화를 와서 함께 재미있는 곳에 놀러 가자고 하면 부모와의 약속을 취소하고 친구의 약속을 우선시한다.

'에로스'의 사랑이 등장한다.

지금까지 이성 부모와의 관계에서, 스톨게 사랑으로 대부분 충족이 되었다. 하지만 청소년이 되면서 이성에 대한 호기심은 어쩔 수 없다. 에로스라는 이성적 사랑이 마음과 정신 몸을 잡아당긴다. 그 힘은 대단하다.

아버지들이여!

청소년기에 있는 자녀들에게 사랑의 변화가 일어나고 있음을 알고 건강한 사랑을 할 수 있도록 길을 열어주고 믿어주는 것이 중요하다.

10. 인간적인 모습을 보여주는 아버지가 되라

청소년기의 자녀들은 부모들의 삶에 대하여 눈을 뜨기 시작한다. 특히 도덕적인 부분과 영적인 부분에 눈을 뜨기 시작한다. 아동기까지는 부모를 전능한 사람으로 존경을 할지는 모르겠지만 청소년기가 되면 아버지도 한계가 있는 것을 안다. 아버지도 연약한 것을 안다. 아버지의 위선적인 모습에 눈을 뜨게 된다.

아버지가 이율배반이라는 것 알게 된다.
말만 하고 행동을 잘 하지 않는 것도 알게 된다.
이때 아버지의 권위를 갖고 자녀들을 대할 것이 아니라 솔직한 모습을 보여주면서 인간적인 모습을 보여주는 것이 좋다. 즉 부모로서의 모습으로 보여주는 것이 아니라 인간의 모습을 많이 보여주는 것이 좋다.

아버지의 권위를 내려놓고 친구처럼 대하라.
청소년기의 자녀들에게 아버지가 줄 수 있는 선물 중의 하나가 인간적인 모습을 보여주는 것이다.

11. 아버지의 살아온 날들에 대하여 함께 나누어라

아동기까지는 엄마와 인생을 나누었다면 청소년기는 건강한 아버지상을 배워야 한다.
아버지와 함께 인생을 나누어야 한다.

청소년기는 자녀와 친밀감을 나눌 수 있는 마지막 기회이다. 더 성장하면 영원히 아버지와 대화할 기회가 상실될 수 있다. 가능하면 사춘기 때 아버지는 자녀들과 대화를 많이 하라.

아버지의 살아온 날들을 들려주는 대화를 하라.
자녀들이 성장하면 잘 한 것을 들려주라.
자녀들로 인하여 아빠가 행복했던 것을 들려주라.
건강한 남성성과 여성성에 대하여서도 들려주라.
자신의 살아온 날들을 들려주라.
아버지의 인생관, 가치관, 철학과 신념을 들려주라.
인생을 어떻게 살아야 하는지를 들려주는 아버지가 되라.
아버지의 힘든 날과 행복했던 날을 들려주라.
아버지의 아버지를 이야기해주라.
아버지의 어릴 때 꿈을 함께 나누어라.
자녀를 양육할 때 최선을 다했다 할지라도 자녀들은 마음에 상처를 입는다.
지나온 세월을 뒤돌아보면서 자녀들에게 미안한 것이 있다면 진지하게 사과를 하라.

  어릴 때부터 아버지와 많은 대화를 나누고 친밀감이 형성된 청소년기의 자녀라면 아버지와 인생을 나누는 것이 최고의 행복이 될 수 있다. 하지만 어릴 때 아버지와 친밀감이 형성되지 않는 아이라면 인생을 나누는 이야기가 힘들 수도 있다.

  그럼에도 불구하고 아버지들이여!
  포기하지 말고 노력을 하라.
  자녀들의 마음과 감정을 공감하며 대화를 나누어라.
  권위적이기보다는 친구같이 편안한 마음으로 대화하라.
  얼마 있지 않으면 부모의 품을 떠난 세상으로 나아가게 됨을 잊지 말라.

12. 엄마의 위치를 세워주라

자녀들이 초등학교 고학년이 되면서 엄마의 말을 무시하는 경향이 있다. 중·고등학생이 되면 더 심하게 될 수도 있다. 기본적으로 3번 이상 말을 해야 아이들을 듣는다. 그럴수록 엄마의 목소리는 더 크고 강하고 짜증난 목소리가 된다.

나는 어릴 때부터 잔소리를 많이 듣고 성장했기 때문에 아내의 잔소리는 나의 신경을 많이 건드렸다. 나는 짜증을 내면서 아내에게 "제발 한 번만 말해라. 짜증이 난다. 제발 목소리 좀 낮추어라."라고 했다.

이때 아내는 이렇게 말했다.
"애들이 한번 말을 하면 들어야 하는데 듣지 않잖아요. 그런 거지요."

나는 아내의 말을 들은 후에 아이들을 조용하게 불렀다.
"엄마가 지금 뭐라고 하셨니?"라고 말했다.

저자의 집에서 일어난 이야기다.
고등학교 1학년인 딸을 엄마가 깨웠다.
"일어나라. 학교 지각하겠다."라고 몇 번을 깨우지만, 딸은 피곤했는지 대답하는 소리는 들리는데 일어나지는 않았다. 아내의 목소리는 점점 더 커지기 시작했다. 그때 나는 일어나서 딸의 방에 갔다. 딸에게 "공주야, 많이 피곤하지?" 하면서 다리를 만져주었다. 그렇게 하면서 "이제 일어나야지."라고 했다. 그러자 딸은 "아빠, 고마워요!" 하고 일어났다. 그다음 날도 엄마가 딸을 깨우는 소리가 들렸다. 그때 아빠인 나는 이렇게 말했다.

"공주야, 일어나야지."

이때 딸은 아빠인 나의 말을 듣고 일어났다.

이때 엄마의 잘못된 양육 태도는 자녀들의 잘못된 행동을 할 때 아빠에게 일러준다고 말하는 것이다. 이런 말을 하게 되면 아이들은 엄마를 지속해서 무시하게 된다. 아빠만 모르게 하면 된다는 신념을 갖게 된다. 아이는 점점 엄마의 말을 잘 듣지 않게 된다. 엄마도 단호함을 갖고 자녀를 대하는 삶을 훈련해야 하겠지만 아빠가 적절하게 엄마의 위치를 세워주는 것이 절대적으로 필요하다. 심지어 아빠들이 아이들 앞에서 엄마를 무시하는 사람이 있는데 이것은 절대적인 금물이다.

함께 나누기

1. 나의 청소년 시절을 한마디로 정의를 한다면 ?

2. 내가 청소년 시절에 가졌던 꿈과 비전은 무엇인가? 얼마나 이루어져 있는가? 나의 자녀들의 꿈과 비전은 무엇인가?

3. 나는 청소년기에 있는 자녀들을 잘 믿어주고 신뢰하고 있는가?

4. 나는 자녀들에게 선택과 결정권을 많이 주고 있는가?

5. 자녀들과의 관계에서 주로 일어나는 갈등이 일어나는가? 갈등이 일어날 때 어떻게 해소를 하는가?

6. 청소년 때 자아 정체성이 형성되면 다음과 같은 에너지가 생긴다. 당신에게 해당되는 것은 어떤 것들이 있는가? 나의 자녀들은 어떠할 것 같은가?
   - 나는 목표를 향하여 나아가는 내적인 자의식을 갖고 있다.
   - 나는 새롭게 도전할 수 있으며 새로워질 수 있다.
   - 나는 역경이 있어도 극복하고 도전할 수 있다.
   - 나는 사람과 일에도 성실할 수 있다.
   - 나는 내가 될 수 있다. 나는 독특하다.
   - 재생과 소속감의 힘이 있다.
   - 나는 내 인생의 목표를 알고 있다.
   - 나는 나의 성격의 장단점을 알 수 있다.

7. 청소년이 된 당신의 자녀에게 쪽지 편지를 써서 책상 위에 올려놓자.

3부

아버지의 사명

9장 존경받는 아빠가 되라

1. AS(after service)를 잘 하라

치유 상담 공부하면서 성격의 80% 가까이가 만 6세 이전에 형성된다는 말은 나에게 충격이었다. 그리고 아버지는 아이들에게 신과 같은 존재이기 때문에 아버지의 이미지가 어떠하냐에 따라 하나님에 대한 이미지도 달라진다는 말은 영혼을 흔들리게 했다.

치유상담을 공부하면서 내면의 상처가 아버지의 영향력이었다는 것을 알게 되었다. 내 속에 있는 대부분의 쓴 뿌리가 아버지에게서 왔음을 알게 되었다. 부부의 삶과 부모의 언어와 밀접한 관계가 있음을 깨닫게 되었다.

공부하면서 나는 다짐을 하였다.
자녀들이 원하는 좋은 아빠, 존경받는 아빠가 되어야 하겠다. 자녀들에게는 가능하면 상처를 주지 말자. 우리 가정에 흐르는 부정적인 영향력은 나의 대에서 끊어버리고 나의 자녀들과 후손들에게 긍정적인 영향력을 대물림해 주자. 나에게는 많은 사회적 이름이 있지만, 아빠라는 이름의 역할을 잘 감당하자. 아이들을 자신감이 넘치는 사람으로 양육하자. 이것이 나의 사명이다.

나는 자녀들이 유치기에 이르기까지 아버지로의 역할은 기억나는 것이 많이 없다. 그냥 놀아준 것뿐인 것 같았다. 제대로 놀아준 것도 아닌 것 같다.

그래서 나는 교수에게 질문을 했다.
"교수님! 이미 자녀들이 성장했다면 어떻게 해야 합니까?"

교수님은 이렇게 말씀하셨다.
"AS를 잘 해주면 됩니다. 자동차를 구매해도 결함은 생기기 마련입니다. 그러면 AS를 받지 않습니까? 우리의 자녀도 부모가 AS를 잘 해주면 됩니다. 특히 출생과 관련된 이야기를 재구성해서 들려주는 것은 중요합니다."

나는 이렇게 질문을 했다.
"아이들은 자동차가 아닌데 어떻게 AS를 해 줍니까?"

교수님은 이렇게 말씀하셨다.
"이야기를 재구성해서 들려주는 것입니다. 뇌 속에 저장된 기억을 새롭게 바꾸어주는 것입니다. 특히 출생과 관련된 이야기를 재구성해서 들려주는 것이 중요합니다."

AS를 시작하다

과거를 바꿀 수는 없다. 하지만 과거를 재구성하여 새로운 각도로 바라보게는 할 수 있다. 과거를 긍정적으로 재해석하여 자아상을 건강하게 하는 것이 중요하다. 나는 치유 상담을 공부하면서 아이들에게 AS를 해주기로 결단을 하고 아이들에게 학령기 전까지 기억나는 것을 이야기로 재구성해서 자주, 반복적으로 들려주기 시작했다.

앞에서 언급했지만, 임신과 탄생과 관련된 이야기를 재구성해서 들려주었다. 효과는 대단하였다. 그리고 초등학생이 되면서 이름의 뜻에 대하여 이야기로 재구성하여 들려주었다.

"공주야! 네 이름이 이레잖아. 이레라는 이름의 뜻은 여호와께서 준비하신다는 뜻이란다. 너의 미래는 하나님이 준비하신다는 뜻이란다. 너는 앞으로 하는 일마다 잘 될 것이다."

"이레라고 이름을 짓게 된 배경은 이렇단다."
"아빠가 결혼은 하고 싶은데 짝을 만나질 못했단다. 소개팅을 15번이나 했는데 안 되더라. 그래서 대구에 있는 청천 다락원이라는 기도원에 결혼할 수 있는 사람을 만나게 해 달라고 금식 기도를 했단다. 정오에 눈을 뜨고 기도를 하는데 하늘에 무지개가 떠올랐단다. 태양이 내리쬐는 정오에 무지개와 무지개 사이에 여호와 이레라는 글이 얼마나 선명한지 아빠도 놀랐단다. 나는 이렇게 생각했지, 이번에 기도원을 내려가면 하나님이 준비한 사람이 있겠다. 그분이 만나서 결혼을 하게 된다면 첫 아이의 이름을 이레라고 지어야 하겠다고 다짐을 했지. 그래서 너의 이름이 이레란다."

아들에게 이름의 뜻을 이렇게 설명을 해주었다.
"아들아! 너의 이름은 주형이다. 형자 돌림인데 빛날 형(炯) 자를 많이 쓰는데 네 이름의 형(形) 자는 주님의 형상을 닮아간다는 뜻으로 형상 형을 사용하였단다. 너는 주님의 형상을 닮아가는 멋진 사람이다. 라는 뜻이란다."

아빠가 잘못한 것을 이야기로 재구성해서 들려주면서 용서를 구했다

공주에게 이렇게 말했다.
"네가 3살 때 아빠가 너의 엉덩이를 한 대를 때렸단다. 우리 집에 손님이 왔는데 갑자기 네가 울기 시작했었지. 나는 조용히 하라고 했고 울지 말라며 몇 번이나 달랬는데 너는 지속해서 울었단다. 평소에는 아빠 말을 잘 들었는데 하필이면 손님이 왔을 때 울음을 그치지 않으니까 아빠는 속이 상했단다. 그래서 너를 옆방으로 데리고 가서 울지 말라고 하면서 엉덩이를 한 대 때렸단다. 그때 내 눈에 신기한 것이 보였단다. 내 손에서 독화살이 뻗어 나와서 너의 마음에 깊이 박히는 것을 보았단다. 아빠는 순간적으로 얼마나 놀랐는지 모른단다. 그리고 손을 거두면서 너를 품에 안고 '미안하다. 아빠가 잘못했다. 다시는 너에게 손찌검을 하지 않을 거야. 사랑해.'라고 말을 해 주었지, 그리고 지금까지 너에게 싫은 소리를 하지 않았던 것 같다."

아들에게도 용서를 구하였다.

아들이 6살 때로 기억이 된다. 휴가철에 강원도 설악산을 갔다 오는 길이었다. 그날은 비가 참 많이 내리는 날이었다. 아이가 갑자기 토하기 시작했다. 아내는 큰 소리로 "아이가 토해요. 차를 세워주세요."라고 했다.

나는 차를 세운 후에 비가 줄기차게 내리는 도로가에서 아들에게 무릎을 꿇고 아빠를 용서해 달라고 했다.
"아들아! 많이 힘들었지, 아빠가 운전을 조심스럽게 했으면 네가 토하지 않았을 건데 아빠가 운전을 난폭하게 했구나. 너도 아빠가 무서워서 참고 참다가 토하게 된 것인데 너의 마음을 모르고 야단을 쳐서 미안하다. 아들아!"

존재 자체를 칭찬하는 말을 많이 들려주었다.

사랑한다.
태어나줘서 고마워
잘 커 줘서 고마워
너희들은 아빠의 행복이고 기쁨이란다.
매사에 이런 말을 많이 들려주었다,

내가 아들에게 늘 예언하는 말이 있다.
- 아들아, 넌 반드시 성공할 것이다.

- 너는 무엇을 해도 잘 될 것이다.
- 넌 만남의 은총이라는 축복이 있단다.
- 앞으로 좋은 일들이 많이 일어날 것이다.
- 하나님의 은혜가 너를 따라다닐 것이다.

사랑하는 딸에게도 이렇게 예언을 한다.
- 딸아, 넌 하는 일마다 잘 될 거야.
- 딸아, 너에게는 복이 따라온단다.
- 너는 복덩어리란다.
- 너의 이름이 여호와 이레란 뜻이란다. 하나님이 준비한다는 뜻이지.
- 하는 일마다 잘 될 거란다.
- 넌 돈도 따라오고 사람도 따라오고 세월이 가면 갈수록 잘된단다.

이야기를 재구성해서 지속적이며 반복적으로 들려주었을 때 아이들은 정말 행복했다. 그리고 아빠인 나도 참으로 기뻤다. 〈온전한 친밀감, 영적인 연대감, 가족은 혈연공동체〉라는 말의 의미를 새롭게 깨닫고 경험하게 되었다.

2. 아내에게 도움을 구하라

강의를 하면서 어머니들에게 이런 질문을 했다.
"아버지들은 언제 가장 행복할까요?"

그때 이렇게 대답을 했다.
"자녀들에게 존경을 받을 때가 아닐까요."
"자녀들로부터 칭찬은 듣고 인정을 받을 때가 아닐까요."
"가족을 위해서 무엇을 해 줄 때요."

이 말을 들었을 때 가슴에 찡한 감동이 왔다.
특히 자녀들에게 존경을 받을 때 아빠들이 행복해할 것 같다는 어머니들의 말을 들을 때 감동이 더 했다.

그렇다.
아빠는 자녀들에게 존경을 받을 때 가장 행복하다.
남편으로서 아내에게 존경을 받을 때이다.

그 이유는 무엇일까?
남자는 능력 위주로 살아가기 때문이다. 자신의 능력이 인정받을 때 행복하다. 그중에서 자녀들과 아내에게 능력을 인정받을 때 가장 행복하고 존재감을 느끼게 된다. 이 땅에 사는 아버지들 가운데 자녀들로부터 존경을 받는 아빠들이 얼마나 있을까?

아빠도 자녀를 무척 사랑한다.

자녀들은 엄마의 사랑은 많이 느끼고 알고 경험하고 있는데 의외로 아빠의 사랑을 잘 모르는 아이들이 많다. 아빠의 사랑이 자녀들의 가슴에 스며들지 않는 것 같다.

그 이유는 무엇일까?

자녀가 유치기일 때는 아빠의 에너지가 밖으로 향하고 있었다. 하지만 자녀가 초등학교 입학 할 때쯤 되면 결혼 10년 가까이 된다. 이때부터 아빠의 에너지는 서서히 가정으로, 아내에게도, 자녀에게로 향하기 시작한다. 10년 동안 가정에 소홀히 했던 부분이 있기 때문이 아닐까 생각한다.

자녀들에게 존경받는 아빠가 되기 위해서는 아내의 도움이 절대적이다.

엄마들이여! 자녀들에게 아빠를 존경하는 교육을 하라

요즘 이런 말이 있다.

자녀가 인류 대학을 가고 성공하기 위해서는 3가지 조건이 있다.

첫 번째는 할아버지의 재력

두 번째는 엄마의 정보력

세 번째는 아빠의 적절한 무관심

아빠의 적절한 무관심이 자녀 성공의 요소라는 말이 가슴을 아프게 한다.

 TV 광고와 인터넷에서 나오고 있는 덩어리 시리즈, 남편은 집에 두면 근심 덩어리, 데리고 나가면 짐 덩어리, 마주 앉으면 원수 덩어리, 혼자 내보내면 사고 덩어리, 아프면 골치 덩어리를 보면서 필자는 남자로서, 가장으로서, 아빠로서 너무 가슴이 아팠다. 왜 이런 말이 생겼을까? 왜 광고까지 제작되었을까? 이런 현상들이 우리 사회에 현실처럼 받아들여지고 있을까?

 이 땅에 아버지란 어떤 존재일까?
 짐 덩어리가 시리즈가 탄생하게 된 동기는 무엇일까?
 성공의 요소가 아버지의 적절한 무관심이란 말의 근원은 어디일까?
 이렇게 만든 사람들은 누구일까?
 정말 아버지의 문제일까?
 가정을 위한 아버지의 땀과 노동 그리고 경제는 어디로 간 것일까?

 가족 치료학에서 안정된 연합이라는 역기능적 가족 구조가 있다. 이러한 가족 구조는 남편이 일찍 사별하거나 안 계실 경우에도 많이 일어나지만, 아내가 남편과의 지속적인 갈등으로 인하여 생겨난다. 갈등을 해소하기 위해 나름대로 노력을 하다가 효과가 없을 시에 자녀들을 자신의 편으로 끌어들이게 된다. 그리고 자녀들에게 하소연하기도 하고, 한숨을 쉬면서 자신의 힘든 삶을 토하기도 한다.

 심지어 아버지에 대한 부정적인 말을 하면서 자녀들을 철저하게 자신의 편으로 만들고 아버지를 외딴섬으로 돌리는 가정을 말한다. 자녀들과 한 팀을 이루어 남편을 제압하는데, 그 힘을 사용하기도 한다. 이러한 가정에 자란 아이들은 아버지 보기를 벌레 보듯이 하는 자녀들도 간혹 있다. 때로는 어머니의 대변자가 되어 아빠와 싸우기도 한다.

 아내들이여! 자녀와 안정된 연합을 시도하기보다는 부부의 삶을 회복하라.
 자녀들에게 아빠를 존경하게 만들어라. 부부의 문제는 당신들의 문제이다. 아무리 못난 남편이라도 아이들에게 아빠이다. 좋은 아빠로 만드는 것은 아내의 몫이다.

아빠를 존경받게 하는 방법

 아빠를 존경하게 하는 방법을 아내에게 다음과 같이 제시하고 싶다.

 첫 번째, 좋은 일이 있을 때 감사의 문자나 전화를 하게 하라.
 아빠들은 바쁘다. 아침에 출근하면 치열한 경쟁으로 들어간다. 그 속에서 열심히 일하고 집으로 들어올 때는 밤늦은 시간이 된다. 때로는 술을 드시고 올 때도 있다. 이러한 아빠의 수고는 경제적인 부분을 감당해 낸다.

남편의 늦은 귀가에 아내의 마음에는 섭섭함이 자리 잡힐 수도 있다. 심하면 화가 날 수도 있고 원망이 쌓일 수도 있다. 그것은 부부의 문제로 남겨 놓고 아이들에게 아빠를 존경할 수 있도록 양육하는 지혜가 필요하다.

예를 들어보자.
유치원에 다녀온 아이와 함께 통닭을 먹는다고 가정을 해보자. 통닭이 도착하면 엄마는 아이에게 이렇게 말을 하라.

"아들아! 우리가 먹는 통닭은 아빠가 열심히 일해서 번 돈으로 먹는 거야, '아빠가 열심히 일을 해줘서 오늘 엄마와 함께 통닭을 먹어요. 고맙습니다.'라고 아빠에게 문자 한 통 보내라."

아들이 문자를 이렇게 보냈다고 가정을 해보자.
"아빠 힘들지요. 아빠가 열심히 일해서 번 돈으로 오늘 엄마가 맛난 것 사주었어요. 아빠 고마워요, 사랑해요. 그리고 나는 아빠가 자랑스러워요."

이 문자를 받은 아빠의 마음은 어떠할 것 같은가?
아이의 문자를 받은 아빠는 평생토록 문자를 지우지 않을 것이다. 왜냐하면 아빠는 자녀들에게 인정을 받고 존경을 받는 것이 최고의 행복이기 때문이다.

가능하면 아빠도 문자를 받았을 때 이렇게 답을 해주라.
"아들아! 고맙다. 아빠가 밖에서 열심히 일하다 보니 너희들과 많은 시간을 보내지 못했구나. 미안하다. 그래도 문자를 보내줘서 너무 고맙다."

아침에 출근하는 남편에게 이렇게 말을 해 보라.
"애들아! 아빠가 출근하신다. 잘 다녀오세요. 라고 인사해야지." 라고 해 보라.

퇴근할 때 이렇게 맞이하라.
"애들아 아빠 오셨다. 인사를 해야지." 하고 자녀들과 함께 남편을 맞이한다면 아빠는 어떨까?

아빠는 무척 행복해할 것입니다.
아이들은 엄청 행복해할 것입니다.
아내의 얼굴에는 늘 미소가 풍성할 것이다.

아빠와 자녀가 문자를 주고받는 것은 미래의 행복을 위해 매우 중요한 일이다.
오고 가는 문자 속에 가정의 행복이 자라고 있다.

부성애는 결혼 후 10년 정도 지나야 표현되기 시작한다.
대부분 아빠들은 10년 가까이 가정의 행복을 위해, 집에 먹을 것을 많이 가져다주기 위해 열심히 일을 한다. 귀가 시간도 늦고 집에 들어와도 피곤하다. 그냥 쉬고 싶다. 아이들과 대화하는 시간도 부족하다. 겨우 얼굴만 마주 보면 끝이다.

결혼 10년쯤 되면 가장의 에너지도 가정으로 들어오기 시작한다. 아이들과 대화도 하고 싶고, 잘해주고 싶은 마음이 든다. 아내와 따뜻한 대화도 하고 싶고, 함께 시간을 보내고 싶어 한다.

이때 엄마가 아이들에게 아빠를 존경하는 마음, 감사하는 마음을 갖게 한 집이라면 아빠가 아이들과 함께 시간을 보내려고 할 때 쉽게 마음의 문을 열고 행복한 웃음이 피어날 것이다. 아빠도 아이들의 긍정적 반응에 행복해할 것이다. 친밀감은 쉽게 이루어진다.

하지만 아빠와의 관계가 단절되어 있는 가정이라면 대화는 더 힘들어진다. 아빠가 자녀에게 관심을 두는 것 자체가 부담이다. 자녀들도 쉽게 마음의 문을 열지 못한다. 아버지와 함께 있는 것이 불편할 뿐이다. 중간마다 엄마가 아빠와 아이들의 대화를 방해하는 경우도 발생할 수 있다.

아내들이여!
부부의 문제는 부부가 해결하고 자녀들에게는 아빠를 존경하게 하는 아이로 키우기 바란다. 필자의 아내는 아이들에게 늘 아빠에게 감사하라고 교육을 한다. 그 덕분에 나는 부성애가 나타날 때 자녀들에게 다가가기가 아주 쉬웠다. 아이들이 나를 존경하고 있었기 때문이었다.

필자도 아이들에게 편지를 가끔 쓴 것 같다.
학교에서 올 시간이 되면 쪽지 편지를 써서 아이들 책상 위에 붙여놓곤 했다. 딸아이가 면세점에 취업했을 때 손편지를 써서 축하의 글을 보내기도 했다.

대구의 모 교회에서 운영하는 노인대학에 가서 〈보석 같은 아름다운 내 인생〉이라는 주제로 강의하기 전이었다. 강의를 시작하기 10분 전에 필자에게 문자가 한 통이 왔다.

그 문자는 사랑하는 딸에게서 온 것이었다.
"저는 아빠가 항상 자랑스러워요. 저희들 마음을 잘 알아주고 공감과 지지를 해 줘서 고맙고요. 지금도 항상 발전하기 위해서 전진하는 모습이 보기 좋고 멋있어요. 50대 중반이 되어서도 매주 서울까지 공부하러 다니는 것이 쉽지 않을 텐데 말이죠. 아빠가 자랑스러워요. 사랑해요. 아빠!"

두 번째, 아빠를 위하여 간식을 준비하라.
아빠 편이 되어주라. 엄마가 아빠 편이 되어줄 때 아이들은 싫어하는 표정을 약간 지으면서도 행복한 미소를 짓게 된다. 엄마가 아빠 편이 되어주는 방법은 다양하다.

반찬을 준비할 때 남편을 생각하면서 준비하라.

가정은 부부조직, 부모조직, 형제조직이 있다. 이러한 조직은 위계질서가 있다. 상위 조직이 부부이다. 그런데 현대 사회에서는 부모 조직이 최상위에 있는 가정이 많다. 그래서 항상 자녀 중심으로 움직인다. 이제는 부부 중심으로 위계질서를 바로 세워야 한다. 그 방법의 하나가 무엇을 하든지 남편을 생각하면서 하라는 것이다.

대부분 자녀 중심으로 반찬하기 위해 장을 볼 것이다.
이제 우선순위를 바꾸어라. 반찬을 준비할 때에도 남편 중심으로 장을 보고 준비를 하라. 그리고 아이들은 남편이 먹고 남은 것을 먹도록 하는 것이 좋다.

그때 아이들이 불평을 털어놓으면 이렇게 말하라.
"아빠는 돈을 벌어오잖아. 아빠가 건강하고 행복해야 우리 가정이 행복하단다."

냉장고 안에는 아빠를 위한 간식이 들어 있어야 한다.
아내들은 모성애가 강하기 때문에 자녀를 위한 간식을 많이 준비한다. 또한, 남편에 대한 불만이 많은 아내라면 더할 것이다. 하지만 이제는 바꾸어야 한다. 먼저 남편이 좋아하는 간식을 준비하라. 그리고 아이들 것을 준비하라. 아빠들도 일과를 마치고 집에 왔을 때 쉬고 싶고 먹고 싶은 것도 있다. 그래서 냉장고를 열었는데 아이들 간식만 가득 있고 자신의 간식은 없다고 가정해 보라.

남편이 어떻게 반응할까?

남편이 냉장고에 먹을 것이 없다고 투덜거리면 아내는 이렇게 말할 수도 있다.
"당신은 어른이잖아, 왜 애들처럼 그래요?"라고 하면서 짜증을 낼 수도 있다.
하지만 잊지 마라. 남편은 아내의 사랑을 받아야 살맛이 나고 자녀들로부터 존경을 받아야 일할 맛이 난다.

자녀들도 냉장고 문을 열고 간식을 찾을 수 있다. 이때 아빠를 위한 간식은 많은데 자기 간식이 없으면 엄마에게 불평할 수 있다.

이때 이렇게 이야기해라.
"내가 아빠의 간식을 준비하는 것이 당연하지. 아빠는 우리 집에 돈을 벌어오잖아. 아빠가 번 돈으로 네가 공부하고 맛난 것 먹잖아. 너의 간식은 아빠가 먹고 남은 것을 먹으면 된다. 그래 내가 내 남편을 위해서 간식을 준비했는데 뭐 불만이 있느냐. 불만이 있으면 너도 나중에 결혼해서 그렇게 하면 된다."라고 하라.

세 번째, 아빠가 아이들과 대화하는 시간을 의식적으로 만들어주라.
아빠도 아이들과 대화를 하고 싶어 한다.
그래서 아이에게 다가가서 대화를 시도한다.
"오늘 유치원에서 어떤 일이 있었어요."

이때 갑자기 아내가 옆에서 아이를 대신하여 대답을 다 해버린다. 아빠는 할 말이 없다. 아이도 아빠와 할 말이 없다.

아내들이여!
다 아는 내용이라 할지라도 아빠와 아이가 대화할 수 있도록 시간을 배려해주라.
아이와 아빠는 대화를 통하여, 놀이를 통하여 서서히 친밀감이 형성된다. 이때 맺어진 작은 친밀감은 먼 훗날 아버지와 자녀들 간에 깊은 신뢰감으로 이어지게 된다.

우리 집에서 일어난 일이다.
유치원에서 딸아이에게 무슨 일이 일어났는지를 아내에게 다 들었다.
저녁에 강의를 마치고 집으로 와서 딸에게 이렇게 물었다.
"오늘 유치원에서 재미있었어?"
아내가 옆에 있다가 이렇게 말했다.
"좀 전에 내가 말을 했잖아요."

나는 아내에게 말했다.
"여보! 내가 딸하고 이야기하고 있잖아. 나도 딸하고 대화 좀 하자. 당신이 중간에서 대답을 다 해 버리면 나는 무슨 말을 할 수 없잖아. 당신이 한두 번이 아니야. 매번 그랬어요. 내가 아이들하고 대화를 하려면 당신이 중간에서 대신 대답을 다 했어요."

네 번째, 아빠와 많은 시간을 보내도록 의도적으로 배려해주라.

지금까지 아이는 엄마와 함께 시간을 보냈다.

엄마는 아이를 양육하는데 전력투구하였다. 그런데 남편은 지금까지 아이를 위해 한 것이 별로 없었다. 아침에 출근하면 저녁 늦게 들어왔다. 그런데 어느 날 아이가 아빠하고 너무 친하게 잘 놀고 있었다. 아이가 엄마인 나보다 아빠를 더 좋아하는 것 같다. 기분이 묘하다. 좋으면서 싫고 갑자기 화가 스멀스멀 올라오기도 한다. 아이에게 배신감을 느끼기도 한다. 내가 그렇게 희생을 했는데 나에게 대하는 태도와 아빠를 대하는 태도가 다르게 느껴진다. 아빠가 더 인기 있는 것 같다. 그래서 아이에게 '너는 아빠가 그렇게 좋으냐. 그렇게 좋으면 아빠하고 살아라.'라고 농담이면서 약간의 가시가 있는 말을 하는 엄마들이 있다. 아이들이 이런 말을 엄마에게 들으면 어떠할 것 같은가?

이때 엄마들이여!
아이들에게 아빠와 함께 시간을 보내도록 배려를 해주라. 이때 아빠와 친밀감을 만들지 못하면 아이는 지속해서 엄마에게 짜증을 내거나 착 달라붙는 행동을 하게 될 것이다.

이 시기에 아빠와 친밀감을 느끼게 하는 것이 가장 좋다.
엄마는 아이를 아빠와 즐겁게 놀 수 있게 하고 아빠를 존경할 수 있는 마음을 갖게 하는 것이 중요하다.

다섯 번째, 함께 식탁 공동체를 많이 만들어라.

우리나라는 유교적이며 수직 문화이다. 권위적이며 가부장적이고 완고한 가정이다. 이러한 가정에서 성장한 젊은 부모는 수평 문화를 도입하기 시작하였다. 수평 문화는 권위를 약화시켜 평등하게 하는 데는 기여를 했지만 많은 부정적인 부분도 가져왔다.

가장 큰 부정적인 것이 세대 간의 단절이다.

급변하는 시대적 현실도 있지만 세대 간의 단절은 심각하다. 부모와 자녀 사이에 대화가 통하지 않는다. 함께 하는 시간이 없다. 식사도 각각 다른 시간에 한다. 수평 문화로 인하여 엄마들만 바빠졌다.

아침 밥상을 한번 살펴보자.

아내는 아침에 출근하는 남편을 위해 밥상을 차린다.

남편이 출근 후에 중학교 다니는 첫째 아이를 위해 또 밥상을 차린다. 첫째 아이가 출발하고 나면 초등학교 다니는 둘째 아이의 밥상을 또 차린다. 엄마는 아이들이 원할 때마다 밥상을 차려준다. 그리고 엄마는 혼자 남은 밥을 먹는다. 이것이 오히려 더 편할지 모른다. 하지만 가족과의 대화가 단절되는 것은 어쩔 수가 없는 것 같다.

이러한 문화가 형성되면서 함께 식사하면 오히려 부자유스럽다. 과거에는 함께 식사하면 아버지의 헛기침이 무서워서 밥만 먹으면 밖으로 나가든지 자기 방으로 갔다. 이제는 아버지와 함께할 시간이 없다. 온 가족이 함께 식사하기 위해서는 특별한 시간을 정해야 한다. 가족들이 함께 식사할 시간도 점점 줄어든다. 함께 식사하다가 싸우기도 한다.

아내들이여!
가능하면 온 가족이 식탁을 함께 하는 시간을 만들어라.
우리말에 금강산도 식후경이란 말, 먹는 데서 정이 난다. 는 말을 기억하라.

여섯 번째, 아빠가 자녀를 훈계할 때 가만히 있어라.
엄마들 가운데 자녀를 훈계하는 것은 자기 몫이라고 생각하는 사람들이 의외로 많다. 그래서 남편이 아이를 훈계하면 짜증이 나기도 하고 불안하기도 하고 못마땅해 하기도 한다.

그러던 차에 남편이 아이에게 훈계를 한다고 가정을 해보자.
엄마가 아이 편이 되어서 변호하는 분도 있다. 아이들을 왜 야단치느냐 하면서 아빠를 훈계하는 엄마도 있을 것이다. 아빠 편이 되어서 같이 아이를 야단치는 엄마도 있을 것이다.
아빠와 정반대의 훈계를 보란 듯이 하는 엄마도 있을 것이다.

이렇게 되면 아이는 혼란스럽다. 이중 메시지가 된다. 이때 엄마는 가능하면 조용하게 지켜보라. 그리고 서로 다른 부분이 있다면 시간이 지난 후에 남편하고 조용한 곳에서 차분하게 양육 태도에 대해서 대화를 하라. 남편이 아이를 훈계할 때 발생하는 자신의 감정에 대해서도 진솔하게 이야기를 하라.

만약에 이러한 아내의 마음을 남편이 안다면 감동을 할 것이다. 그리고 아이들의 간식을 아빠가 사 올 것이다. 아이들도 이러한 아빠와 엄마의 삶을 보면서 행복해할 것이다.

일곱 번째, 아이들 앞에서 아빠를 무시하지 말라.
아이들 앞에서 아빠의 흉을 보거나 한숨을 쉬거나 아빠를 무시하는 행동을 하지 마라. 부부관계에서 힘든 일들을 무의식적으로 표현하지 말라. 아이는 엄마의 한숨이나 힘든 일들을 자기 탓으로 받아들인다. 그리고 아버지를 부정적으로 대하게 된다. 아이가 경험하는 최초의 남성상이 엄마의 아픔 때문에 아이의 마음에 잘 못 그려질 수 있다.

부부의 갈등은 부부끼리 해결해야 한다.
자녀들 앞에서 해결하려고 하지 말고 자녀들을 내 편으로 만들어 세력권을 형성하지 말라.

3. 아내를 사랑하라

아빠가 자녀들에게 가장 존경받을 수 있는 방법 중에 하나는 엄마를 사랑하는 것이다.

자녀들은 아빠가 엄마를 얼마나 사랑하는지, 어떻게 사랑하는지를 보고 있다는 것을 알라. 아빠가 엄마를 사랑하는 모습을 보면서 안정감과 행복감을 느낀다. 그리고 아빠를 존경하는 마음이 생긴다는 진리를 알아야 한다.

아내를 사랑하는 방법을 구체적으로 알기를 원한다면 필자가 쓴 『부부 신호등』을 참고하길 바란다. 이 책에서는 중요한 몇 가지를 간단하게 소개를 하고자 한다.

첫 번째, 자녀에게 잘하라.

아내는 남편이 자신에게 잘해 주는 것도 좋지만, 더 행복해하는 것은 자녀에게 잘해 줄 때 행복지수가 최고로 많이 올라간다. 만약에 남편이 나에게는 잘해 주는데 아이들에게 잘 못 하면 나에게 잘해주는 것이 진심으로 다가오지 않을 수도 있다. 심지어 마음에 섭섭함이 쌓일 수도 있다.

왜 자녀에게 잘해 주는 것이 아내를 행복하게 하는 것일까?
아내는 태초부터 지금까지 자녀를 양육하면서 자신의 정체성을 찾는다.

아내는 부부 중심보다는 자녀 중심으로 생활한다.
아내는 부부애보다 모성애가 더 강하다.
아내는 여자로서의 삶보다 엄마로서의 삶을 더 원한다.

아내를 위한 사소한 배려도 많이 해야 하겠지만 자녀와 함께 놀아주고, 다정다감하게 챙겨주는 것이 아내를 감동하게 하는 최고의 사랑임을 명심해야 할 것이다.

아내를 사랑한다면 아이들하고 많이 놀아주라.
아이들과 긴 시간을 함께 놀아주면 좋겠지만, 남편들에게 쉬운 것은 아니다. 굵고 짧게 자주 반복해서 놀아주는 것이 좋다. 아내의 가슴에 있는 사랑의 탱크를 움직이게 하는 원동력이 될 것이다.

두 번째, 따뜻한 말을 자주하라.
아내가 원하는 것은 큰 선물이 아니라 따뜻한 말 한마디이다. 큰 선물로 아내에게 점수를 따려고 했다가 아내가 행복해하지 않으면 남편들은 아내를 오해를 하는 경우도 있다. 더 큰 것을 원하는 것으로 착각한다. 그래서 더 큰 것을 해주려고 한다. 그래도 행복해하지 않으면 자신의 모든 노력을 중단하는 경향이 있다. 아내가 원하는 것은 큰 선물이나 두꺼운 월급봉투가 아니라 〈마음을 알아주는 따뜻한 말 한마디〉다.

세 번째, 아내의 말을 공감하며 들어주라.

여자는 말하는 재미로 산다는 말이 있다.

친구에게 전화를 해서 2시간 동안 통화를 했다. 그리고 전화를 끊을 때 "나머지 이야기는 1시간 후에 만나서 하자."라고 말한다. 여자의 세계에서는 말하는 재미가 좋다. 한 마디를 백마디로 늘려서 한다. 여성의 세계에서의 대화는 친밀감과 사랑의 표시이기 때문이다.

아내들이여! 남편을 존경하라

남자는 능력 위주로 살아가며 인정과 칭찬을 받기를 원한다. 사회에서는 대부분 인정과 칭찬을 받는다. 하지만 가정에서는 대부분 남편들이 아내에게 존경을 받지를 못한다. 남편들이 조금 부족하더라도, 마음에 들지 않는다 할지라도 아이들 앞에서 아빠를 세워주길 바란다. 남편을 존경하는 방법은 남편에게 '고맙다.'는 말을 하는 것이다.

자녀들과 짧은 시간이지만 함께 놀아주었다면 이렇게 말해보자.
"당신이 아이들과 함께 놀아줘서 고마워요."
"당신이 열심히 일을 해줘서 오늘 맛 나는 것 먹었어요. 고마워요."

아내가 고맙다고 하는 말은 신비로운 마력이 있다.
남편을 한없이 부드럽게 하고, 남성 속에 있는 여성성을 빨리 나오게 하는 능력이 있다. 또한, 자상한 아빠로서의 삶을 살게 하는 힘이 있다. 남편의 가슴을 따뜻하게 하고 아빠의 강함을 부드럽게 한다.

아내의 '고맙다.'라는 말이 남편에게 얼마나 중요한가를 구체적으로 알기를 원한다면, 남자들이 원하는 사랑을 자세히 알기를 원한다면 필자의 저서인 부부 행복 지침서인 『부부 신호등』을 참고하길 바란다. 아주 상세하게 기록되어 있다.

4. 소속감을 느끼게 하라

아버지란 이름은 참으로 중요하다.
창조주이신 하나님이 자신을 아버지라고 표현하면서 남자에게 아버지란 이름을 주셨다. 아이들은 아버지로부터 지원과 지지를 받아야 한다.

예수님도 나이 30이 되어 사명자의 길을 시작할 때 아버지로부터 다음과 같은 지지를 받았다.

> 이는 내 사랑하는 아들이요 내 기뻐하는 자라. (마 3:17)

사명을 잘 감당하는 가운데 3년의 세월을 보냈다.
이제 예루살렘 성으로 올라가서 십자가를 져야 하는 사명을 받았다. 이때 예수님은 아버지로부터 다음과 같이 지지를 받았다.

> 이는 내 사랑하는 아들이요. 내 기뻐하는 자니라. 너희는 그의 말을 들으라.
> (마 17:5)

예수님이 아버지로부터 받은 지지를 분석하면 이렇다.
'내 사랑하는 아들'은 소속감을 말한다.
'내 기뻐하는 자라'는 말은 가치감을 의미한다.
'너희는 그의 말을 들을지니라.'는 유능함을 말한다.

이것이 현대를 살아가는 아버지의 사명이다.

자녀들에게 소속감과 가치성 그리고 유능함을 갖게 할 때 어디를 가든지 건강한 존재감을 느끼게 된다. 그리고 긍정적 마인드와 적극적인 행동을 하게 된다.

소속감이란 무엇인가?
'자신이 어떤 집단이나 공동체에 속되어 있다는 느낌.'을 갖는 것이다.

소속감을 느낀 사람들은 자신을 이렇게 생각한다.
'나는 필요한 사람이다.'
'소중한 사람이다.'
'중요한 사람이다.'
'나는 필요한 사람이다.'
'나는 사랑과 관심을 받는 사람이다.'
'나는 가치 있는 사람이다.'
'나는 받아들여지고 있다.'라는 존재감을 느끼게 될 것이다.

이러한 소속감은 우리를 행복하게 만든다.
살맛을 느끼게 한다. 자존감이 높아진다. 존재감을 느낀다. 일할 맛이 난다. 문제를 극복하는 능력이 생긴다. 자아상이 건강해진다. 긍정적으로 사고하고 행동하게 된다.

소속감의 반대가 되는 말은 무엇일까?
소외감. 박탈감. 상실감이 아닐까?
소외감을 많이 느끼는 사람은 자신을 어떻게 생각할까?
'나는 있으나마나 한 존재이다.'
'나는 이 공동체에 필요 없는 사람이다.'
'나는 너무 무가치한 사람이다.'
'나는 언제나 혼자이다.'
'나는 존재감이 없다.'라고 느끼게 될 것이다.

소외감을 많이 느끼는 사람은 자신을 초라하고 비참하다는 생각의 지배를 받게 된다. 낮은 자존감으로 스스로 자신을 비하하고 자아상이 초라해진다. 자신을 스스로 불행하게 만든다.

부모의 사명은 자녀들에게 확고한 소속감을 심어주어 세상으로 나아가게 하는 것이다.

중·고등학교 때까지는 부모 품에 있지만 20세가 되면서 사회생활을 하게 된다.

사회로 첫 발걸음을 내딛는 자녀들은 양과 같이 여리고 순하다. 하지만 세상은 이리처럼 무서운 곳이다. 험한 세상에서 당당하게 자신의 삶을 살아가도록 소속감, 가치성, 유능함을 갖게 하여 세상으로 내보내는 것이 부모의 사명이다.

세상은 치열하고 냉정하다. 평가 중심이며, 외모와 학벌, 지역,

성적과 능력 중심이다.

비교 원리 속에서 살아간다. 이런 세상 속에서 건강한 자아 존재감을 느끼며 살아갈 수 있도록 지지해주는 것이 중요하다.

소속감을 느낀 사람은 건강한 존재감을 느끼게 된다.
'자신이 필요한 사람, 중요한 사람, 소중한 사람이다.'라는 감정을 갖게 된다. 이러한 감정은 우리를 너무 행복하게 만든다.

소속감은 사랑을 통해서 가능하다.
대학생을 대상으로 강의하면 이런 질문을 했다.
"당신은 아버지 하면 무엇이 떠오릅니까?"
대부분의 대답은 비슷했다.
술 드시는 모습, 무서운 모습, 지적하는 모습, 무관심한 아버지의 모습 등

그런데 한 학생은 "만세!"라고 대답을 했다.
나는 "아버지가 '만세'라고 했는데 어떤 뜻인가요?"
그 학생은 이렇게 대답을 했다.
"내가 태어날 때 아버지는 만세를 외쳤어요. 그리고 이 말을 어릴 때부터 자주 들려주었어요."

어떤 학생은 팔베개가 생각이 난다고 했다.
나는 어떤 의미인가를 설명해 달라고 했다.

그 학생은 이렇게 말했다.

"아빠는 내가 어릴 때부터 팔을 베개로 삼아 많은 이야기를 들려주었어요. 정말 행복했어요."

필자는 쪽지 편지와 문자로 사랑의 마음을 많이 전달하였다.
중·고등학교 때 학교 수업을 마치고 집에 오는 시간이 되면 책상 위에 쪽지 편지를 써놓을 때도 많았다.
"이레야! 공부한다고 힘들지, 태어나줘서 고맙고, 잘 커 줘서 고맙고, 이레로 인하여 아빠는 정말로 행복하단다."

자녀들에게 내 사랑하는 아들, 딸이라고 말을 지속적으로 사랑과 격려, 지지, 칭찬을 하라.
자녀들의 가슴에 존재감을 심어주기 위해서다.
아이들이 건강한 자존감을 느끼기 위해서다.
어디서 무엇을 하든지 내 사랑하는 아들이라는 소속감을 느끼기 위해서다.
치열한 경쟁 속에 자신감 느끼며 자신의 인생을 살아가기 위해서다.
평가 위주이며 학벌과 능력 그리고 외모 중심인 세상에서 기죽지 않고 존재감을 발휘하기 위해서다.

5. 가치감을 심어주라

부모가 자녀에게 줄 수 있는 가장 소중한 것은 가치감을 심어주는 것이다. 자신이 가치 있다고 생각하는 사람은 건강한 자아상을 갖게 되며 무엇을 하든지 자신감으로 인생을 살아가게 될 것이다.

사람들은 왜 우울증에 걸리고 자살을 하는가?
자신의 가치감을 상실했기 때문이다. 자신이 너무 무가치하고 무능하고 쓸모없고 무능력하게 느껴지기 때문이다. 자신이 한없이 불쌍하고 초라하고 못났다고 생각하기 때문이다.

성경은 우리의 가치에 대하여 이렇게 말하고 있다.

첫 번째, 하나님 보시기에 보배로운 존재다.
네가 내 눈에 보배롭고 존귀하며 내가 너를 사랑하였은즉 내가 네 대신 사람들을 내어 주며 백성들이 네 생명을 대신하리니 (사 43:4)

두 번째, 하나님이 지명한 존재다.
야곱아 너를 창조하신 여호와께서 지금 말씀하시느니라. 이스라엘아 너를 지으신 이가 말씀하시느니라. 너는 두려워하지 말라 내가 너를 구속하였고 내가 너를 지명하여 불렀나니 너는 내 것이라 (사 43:1)

세 번째, 존귀한 존재다.

사람이 무엇이기에 주께서 그를 생각하시며 인자가 무엇이기에 주께서 그를 돌보시나이까. 그를 하나님보다 조금 못하게 하시고 영화와 존귀로 관을 씌우셨나이다 (시 8:4~5)

땅에 있는 성도들은 존귀한 자들이니 나의 모든 즐거움이 그들에게 있도다
(시편 16:3)

네 번째, 영화로운 존재다.

내가 여호와 보시기에 영화롭게 되었으며 나의 하나님은 나의 힘이 되셨도다 (사 49:5)

다섯 번째, 하나님이 기뻐하시는 존재다.

너의 하나님 여호와가 너의 가운데에 계시니 그는 구원을 베푸실 전능자이시라 그가 너로 말미암아 기쁨을 이기지 못하시며 너를 잠잠히 사랑하시며 너로 말미암아 즐거이 부르며 기뻐하시리라 하리라 (습 3:17)

여섯 번째, 복 있는 존재다.

하나님이 그들에게 복을 주시며 하나님이 그들에게 이르시되 생육하고 번성하여 땅에 충만하라, 땅을 정복하라, 바다의 물고기와 하늘의 새와 땅에 움직이는 모든 생물을 다스리라 하시니라 (창 1:28)

일곱 번째, 천하보다 가치 있는 존재다.

사람이 만일 온 천하를 얻고도 제 목숨을 잃으면 무엇이 유익하리요. 사람

이 무엇을 주고 제 목숨을 바꾸겠느냐 (마 16:26)

여덟 번째, 왕 같은 제사장, 소유된 백성, 택한 백성이다.
너희는 택하신 족속이요 왕 같은 제사장들이요 거룩한 나라요 그의 소유가 된 백성이니 이는 너희를 어두운 데서 불러내어 그의 기이한 빛에 들어가게 하신 이의 아름다운 덕을 선포하게 하려 하심이라 (벧전 2:9)

아홉 번째, 하나님의 자녀다.
영접하는 자 곧 그 이름을 믿는 자에게는 하나님의 자녀가 되는 권세를 주셨으니 (요 1:12)

열 번째, 하나님의 사랑을 받은 자이다.
하나님이 세상을 이처럼 사랑하사 독생자를 주셨으니 이는 저를 믿는 자마다 멸망하지 않고 영생을 얻게 하려 함이니라 (요 3:16)

열한 번째, 유능한 사람이다.
할 수 있거든 이 무슨 말이냐 믿는 자에게는 능치 못하심이 없느니라
(빌 4:13)

나는 틈만 나면 딸과 아들에게 이런 말을 한다.
"아빠는 주머니 속에는 돈이 없어도 가진 것은 돈밖에 없다. 언제나 자신감으로 당당하게 가슴을 펴고 살아간단다. 생각해 봐라, 우리의 몸은 전부 돈이란다. 심장 하나의 값이 얼마나 많이 나가

겠어. 수십억을 준다고 해도 심장을 주는 사람은 없단다. 우리의 몸은 돈 덩어리야. 우리 당당하게 살자."

부모는 하나님의 대리자로서, 하나님의 은혜의 통로로서 자녀들에게 가치성을 심어주어야 한다. 자녀들에게 칭찬과 격려를 통하여 가치감을 지속적으로 심어주어야 한다. 칭찬의 위력은 대단합니다.

혹시 하나님이 존귀하게 여긴 자녀를 아버지인 당신은 비난하고 비하하고 정죄하면서 아이들의 가치성을 무시하지는 않는가를 한번 생각해 보자.

6. 무한한 가능성을 발견하라

인간 속에는 하나님이 주신 무한한 가능성이 있다.
그 가능성을 깨달은 사도바울은 이렇게 고백을 했다.
"내게 능력을 주시는 자 안에서 내가 모든 것을 할 수 있다."

예수님도 이렇게 말씀하셨다.
"나를 믿는 자는 그 배에서 생수의 강이 솟아나리라."
"할 수 있거든 이 무슨 말이냐 믿는 자에게는 능치 못하심이 없다."
"힘으로 능으로 되지 않는 것은 하나님의 능력으로 되느니라."

창세기 1장에 인간에게 주신 유능함에 대하여 이렇게 말씀하고 있다.

하나님이 자기 형상 곧 하나님의 형상대로 사람을 창조하시되 남자와 여자를 창조하시고 하나님이 그들에게 복을 주시며 하나님이 그들에게 이르시되 생육하고 번성하여 땅에 충만 하라, 땅을 정복하라, 바다의 물고기와 하늘의 새와 땅에 움직이는 모든 생물을 다스리라 하시니라. 하나님이 이르시되 내가 온 지면의 씨 맺는 모든 채소와 씨 가진 열매 맺는 모든 나무를 너희에게 주노니 너희의 먹을거리가 되리라 (창 1:28~30)

여호와 하나님이 흙으로 각종 들짐승과 공중의 각종 새를 지으시고 아담이 무엇이라고 부르나 보시려고 그것들을 그에게로 이끌어 가시니 아담이 각

생물을 부르는 것이 곧 그 이름이 되었더라 (창 2:19)

땅을 정복하라.
모든 생물을 다스리라.
모든 것을 너희에게 주노니 너희의 먹을거리가 되리라.
아담이 각 생물을 부르는 것이 곧 그 이름이 되었더라.
하나님은 인간에게 모든 것을 관리하고 다스리는 능력을 주셨다.

인간은 대단한 사람이다.
위대한 사람들이다.
하나님이 주신 유능함을 갖고 있는 존재이다.
무한한 가능성의 씨앗을 갖고 있는 사람이다.

트리나 폴러스가 지은 『꽃들에게 희망을』이라는 책을 최근에 다시 읽게 되었다. 책을 읽으면서 무릎을 딱 쳤다.

애벌레 속에는 나비가 되는 무한한 가능성이 있구나. 애벌레 속에 나비가 되는 프로그램을 누군가가 집어넣은 것이 아니라 탄생 때부터 갖고 있었다. 하지만 애벌레는 그 사실을 잘 몰랐다. 자신의 방식으로 성공을 하려고 최선의 노력을 하면서 도전하고 있었다. 하지만 실패와 조직의 쓴맛을 많이 보다가 어느 날 깨달았다. 자신 안에 나비가 되는 무한한 가능성이 있음을 알았다. 애벌레 속에는 고치가 되는 실이 들어 있음을 알았다. 고치 속에서 나비가 되는 방법을 깨닫게 되었다. 그리고 도전하여 나비가 된 것이었다.

아버지들이여!
자녀들에게 칭찬과 격려를 통하여 무한한 가능성을 심어주는 부모가 되라.

아버지들이여!
자녀들에게 들어 있는 유능함이 무엇인가를 하라.

유능함을 발견하기 위해서 필자가 쓴『맘의 신호등』을 꼭 읽어 보길 원한다. 하나님이 주신 무한한 가능성이 있음을 발견하게 될 것이다. 그 무한한 가능성을 어떻게 유능함으로 개발시켜야 할 것인가의 양육법이 구체적으로 나와 있다.

함께 나누기

1. 당신은 결혼하면서 어떤 아버지가 되길 다짐을 하였는가?

2. 자녀들에게 AS를 해보자. 과거를 재구성해서 들려주자. 그리고 경험을 함께 나누어보자.

3. 당신은 자녀들에게 존경을 받는 아빠인가? 그렇다면 그 이유는 무엇일까?

4. 아내인 당신은 자녀들에게 아빠를 존경하도록 하고 있는가? 있다면 그 방법은 무엇인가?

5. 당신은 아내에게 고맙다는 말을 자주 듣는가? 잘 듣는다면 그 이유는 무엇이라고 생각하는가?

6. 당신은 아내를 감동시키기 위해 자녀에게 잘 해보자. 그리고 아내에게 어떤 반응이 일어나는가를 살펴보자.

7. 당신의 자녀들에게 있는 무한한 가능성의 씨앗을 무엇이라고 생각하는가? 가능성의 씨앗을 자라도록 어떻게 하고 있는가?

8. 당신의 자녀들은 자신이 가치 있다고 생각하고 있을까 아니면 자신을 무가치하다고 생각할까? 그렇게 생각하는 이유는 무엇이라고 생각하는가? 자녀들이 천하보다 귀하다는 가치성을 갖고 당당하게 세상을 살아가기 위해 아버지의 역할은 무엇이라고 생각하는가?

4부

결론

책을 마무리하면서

　필자는 준비된 아버지가 아니라 결혼을 한 후에 딸과 아들이 탄생하게 되니 자연스럽게 아버지가 되었다. 아버지가 된 나는 참으로 기뻤다. 결혼식을 올린 후에 매월 간절하게 기다리고 기다리던 아이가 탄생한 것이었다. 아이들이 아빠! 라고 불러 주었을 때 행복했고, 일을 마치고 집에 가면 반겨주는 아이들이 있어서 기뻤다.

　필자가 치유 상담이라는 학문을 만나기 이전까지는 어떤 아버지가 되어야 할 것인가에 대해서는 한 번도 생각하지 않았다. 아버지의 역할에 대해서는 아는 것이 없었고 배운 것도 경험한 것도 없고 배우려는 생각조차도 못한 것 같다. 그냥 세월의 흐름 속에 아빠가 된 것이다. 마냥 즐거웠고 행복하고 신기하기도 했다. 자녀 양육은 아내에게 맡겨놓고 나는 내 삶을 열심히 살았다. 그러다 보니 자연스럽게 아이들에게 소홀하게 되었다.

　요즘 와서 아내는 가끔 이런 말을 한다.
"두 아이를 키우느라고 힘들었어요. 당신이 전혀 도와주지 않으니까 내가 두 아이를 다 키워야 하니까 참 힘들었어요. 기저귀 한 번 갈아준 적이 있어요? 집안일을 도와준 적이 있어요? 물론 당신이 열심히 목사로서의 사역을 충실히 한 것을 알기에 원망도 못하고 속으로 삼켰지요."라고 했다.

나는 아내의 말을 들으면 참 미안했다.
어떻게 해야 하는 방법을 몰랐기 때문이었다. 아버지의 중요성과 역할 그리고 자녀를 어떻게 양육을 해야 하는지를 전혀 몰랐던 것 같았다. 아버지로서 준비가 전혀 되지 않았다. 그런데도 나의 자녀들은 잘 커 주었다. 아이들과 아내에게 고마울 뿐이다.

인생은 만남이라고 했던가?
치유 상담이라는 학문을 만난 것은 나의 축복이었다. 이 학문을 통하여 성격이 어떻게 형성되는 것인가를 알았다. 자녀들의 자아정체성과 성격 형성에 아버지의 영향력이 대단하다는 것도 깨달았다.

필자는 공부하면서 새로운 사명을 찾았고 늘 이렇게 외치며 살았다.
"나에게는 많은 이름이 있다. 목사라는 이름도 있고, 교수와 상담사라는 이름도 있고 아버지라는 이름이 있다. 목사 외에 다른 이름의 역할은 내가 하지 않더라도 할 사람은 너무나 많다. 하지만 아버지란 이름은 자녀들에 의해서만 불리는 이름이다. 아버지이란 이름의 값을 잘 감당하자. 나로 인하여 아이들의 얼굴에 웃음이 피어났으면 좋겠다. 나로 인하여 아이들이 자신 있게 자기 인생을 당당하게 살았으면 좋겠다. 나는 아빠의 이름의 값을 잘 감당하는 것이 나의 최고의 사명이다."

필자는 나의 자녀들에게 고맙고 감사하는 마음을 늘 갖고 있다.
그 이유 중에 가장 큰 것은 아이들이 나의 행복이기 때문이다. 나는 아이들에게 종종 이런 말을 해준다.
"너희들은 아빠의 행복이란다. 너희들이 태어난 것이 효도한 것이란다. 너희들이 태어나지 않았다면 아빠는 이런 행복을 누리지 못했을 거야. 아빠의 아들과 딸로 태어나줘서 고맙다."

또 이렇게 말한다.
"너희들은 아빠의 좋은 스승이었단다. 너희들이 유치원에 다닐 때는 아빠의 내면에 있는 유치기의 아이를 만났고, 너희들이 초등학교에 다닐 때는 아빠의 초등학교 시절의 부모와의 관계를 생각하면서 너희들을 양육하였고, 너희들이 중·고등학교 때에는 아빠의 중·고등학교 시절의 추억과 부모님과의 관계를 생각하면서 나를 성장시켰단다. 너희들의 행동을 보면서 나의 행동을 바로 잡으려고 노력했단다. 아빠의 인생에 있어서 가장 큰 스승은 너희들이란다. 고맙다. 아빠를 성장시켜주어서"

이 말을 들은 아이들도 이렇게 말했다.
"아빠! 고마워요. 우리를 잘 이해해주어서 고마워요."

필자는 세미나를 인도할 때 이런 질문을 한다.

"여러분! 자녀들이 많이 변했습니까?"

"자녀들이 변했다면 부모인 당신이 먼저 변한 것입니다. 자녀들이 변하지 않았다면 자녀에게 문제가 있는 것이 아니라 부모인 당신이 자녀를 향한 마음과 양육 태도가 변하지 않았다는 것입니다. 당신의 자녀는 성장하고 있는 과정입니다. 자녀의 성장에 맞게 부모도 변화해야 하고 공부를 해야 합니다. 문제 아동이 있는 것이 아니라 문제 부모가 있는 것입니다. 우리 모두 멋진 부모가 되어 봅시다."

이 땅에서 '아빠!'라는 이름을 가진 분들에게 고합니다.

당신의 칭찬과 격려가 있는 한마디의 말은 자녀들의 미래에 희망을 불어넣습니다.

당신의 따뜻하고 부드러운 미소는 자녀들의 마음에 평안을 줍니다.

당신이 공감해주는 긍정적 반응이 자녀들의 가슴에 행복을 자라게 합니다.

당신의 고맙다는 말이 작은 일에 고마움을 아는 아이도 성장하게 합니다.

당신의 미안하다는 한마디의 사과가 아이들의 마음을 치유합니다.

당신의 사랑한다는 말이 자녀들의 삶과 미래를 풍성하게 합니다.

아버지라는 이름!
하나님이 자신의 이름을 남자인 당신에게 주신 것입니다.
당신은 어떤 아버지입니까?

| 참고 문헌 |

국내 문헌

김정규 저(1995),『게슈탈트 심리치료』, 도서출판 학지사

노용찬 저(1994),『부모가 변해야 자녀가 변한다』, 글샘 출판사

박필 저(2004),『당신의 말이 자녀를 변화시킨다』, 도서출판 생명의 글

용혜원 저(2003),『칭찬 한마디의 기적』, 청우

이상열 저(2015),『맘의 신호등』, 창연 출판사

이상열 저(2016),『분노 신호등』, 해드림출판사

이상열 저(2017),『부부 신호등』, 해드림출판사

이상춘 저(2002),『다시 태어나는 중년』, 한문화

주서택, 김선화 저(1997),『내 마음속에 울고 있는 내가 있어요』, 순 출판사

추부길, 김정희 저(1997),『가정 사역 워크북』, 크리스천 치유 목회 연구원

번역문헌

W. 휴 미실다인 저, 이종범, 이석규 역(1987),『몸에 밴 어린 시절』, 가톨릭 교리 신학원

게리 채프만 저, 장동숙 역(1997),『사랑의 다섯 가지 언어』, 생명의 말씀사

고든 맥도날드 저, 윤종석 역1998),『남자는 무슨 생각을 하며 사는가』, 한국 기독학생회 출판부

노만 라이트, 게리율리버 저, 유충선 역(1997),『내 아이는 왜 이럴까』, 조이선교회 출판사

데이빗A. 씨맨즈 저, 송헌복 역(1986), 『상한 감정의 치유』, 두란노 출판사

루시아 카파치네오 저, 이경하 역(2001), 『왼손의 힘』, 동서고금 출판사

유진 피트슨 저, 양해원 역(2000), 『거북한 십대 거룩한 십대』,

홍성사 출판사

존 그레이 저, 김경숙 역(1993), 『화성에서 온 남자 금성에서 온 여자』,

친구 미디어 출판사

존 그레이 저, 서현정 역(1996),

『여자는 차마 말 못하고 남자는 전혀 모르는 것들』, 프라미엄 북스

존 브래드쇼 저, 김홍찬, 고영주 역(2002), 『수치심의 자유』,

사단법인 한국 기독교 상담 연구원

존 브래드쇼 저, 오재은 역(2004), 『상처받은 내면 아이 치유』 학지사

찰스 H 크래프트 저, 이윤호 역(1995), 『깊은 상처를 치유하시는 하나님』,

은성출판사

토마스 고든 저, 이형득 역(1962), 『자율적 자녀 육성을 위한 부모교육』,

형설출판사

팀 슬레지 저, 정동섭 역(1986), 『가족치유 마음치유』, 요단 출판사

페니 베이커 저, 김종한, 박광배 역(1999), 『털어놓기와 건강』, 학지사